中学生の質問箱

お金ってなんだろう？

あなたと考えたいこれからの経済

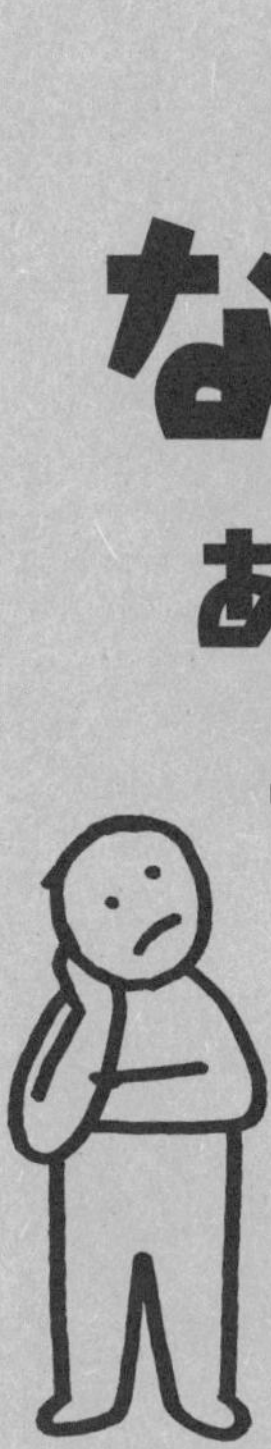

長岡慎介

平凡社

私たちの生きる社会はとても複雑で、よくわからないことだらけです。困った問題もたくさん抱えています。普通に暮らすのもなかなかタイヘンです。なんかおかしい、と考える人も増えてきました。

そんな社会を生きるとき、必要なのは、「疑問に思うこと」、「知ること」、「考えること」ではないでしょうか。裸の王様を見て、最初に「おかしい」と言ったのは大人ではありませんでした。中学生のみなさんには、ふと感じる素朴な疑問を大切にしてほしい。そうすれば、社会の見え方がちがってくるかもしれません。

中学生の質問箱

お金ってなんだろう？

あなたと考えたいこれからの経済

もくじ

はじめに

こんにちは。この本では、私たちのくらしに欠かすことのできない「お金」についてお話しします。

あなたは、今朝起きてから、どれだけお金を使ったでしょうか？　学校に行くために電車に乗るときには、お金を払《はら》って切符《きっぷ》を買います。ジュースが欲しいと思ったら、コンビニでお金を払って買います。なにかしたいときには、かならずお金を払わなければなりません。

かりに、あなたが直接誰かにお金を払っていなくても、あなたが着ている服も、食べたご飯も、そのごはんが盛り付けられているお茶碗《ちゃわん》やお皿も、おそらくみんなお金を出して買ってきたものだと思います。住んでいる家も、お父さんやお母さんが銀行からお金を借りて建てたかもしれませんし、毎月家賃《やちん》を払っているかもしれません。家にあるテレビも、そのテレビや部屋のあかりをつける電気もみんなお金を払って買っています。

これらを買うお金は、当たり前のことですが、どこかから自然にわき出てくるものではなく、そのお金はどこかで稼《かせ》いでこなければなりません。あなたのお父さんやお母さんは会社で仕事をして、毎月お給料をもらっているかもしれません。自営でなにかの商売をされているかもしれません。なぜ、仕事をするのか、それは第一にはお金を稼がないとなにも買えないからです。そして、みんながお金を稼ぎたいと思って働くからこそ、電車が動き、コンビニでモノを売ってくれる人がいて、テレビを作る人がいるのです。

このように私たちが住んでいるのは、お金を稼ぎ、お金を使うことで成り立っている世の中です。なんにでもお金がかかって、お金がなければくらしていくことができませんが、見方を変えれば、お金さえあれば、なんでも手に入れることができます。お金はとても便利なものなのです。お金がない世界を想像してみてください。もし、あなたが新しいスマホを欲しいと思ったら、どうやってそれを手に入れられるでしょうか。少し前に、日本のある会社の社長さんが「お金で買えないものはない」と発言したのが話題になりましたが、お金はなんでも願いをかなえることのできる魔法《まほう》の道具なのです。

けれども、こうしたお金を中心に成り立っている今の経済のしくみが、ほんとうに良い世の中を実現しているのだろうかと疑問に思う人も少なくありません。お金があることは便利だけれども、その便利さを優先したり、お金を稼ぐのに没頭《ぼっとう》したりするあまり、ほかのなにか大切なもの――家族や友人、はたまた地球環境《かんきょう》をないがしろにしてはいないでしょうか。あるいは、自分がもっとお金を稼ぎたいと思うあまり、ほかの誰かを不幸にしてはいないでしょうか。

歴史をふりかえると、たしかに人間は、より多くのお金を稼ぎたいと思って、お金の役割をどんどん大きくしてきました。それは、お金をたくさん稼いで、もっと豊かなくらしを送りたいという人間の欲望《よくぼう》にとても素直《すなお》なものです。しかし、そうした欲望のおもむくままにお金の役割を大きくしてきた結果、さまざまな問題が起こるようになってきました。あなたも、経済格差の問題や地球環境の悪化をニュースなどで聞いたことがあると思います。


今、私はこの「はじめに」の文章をイギリスのロンドンにある大英《だいえい》博物館のグレートコートと呼ばれる中庭で書いています。視線の先には、図書室として使われていた建物が見えます。1857年に作られたこの図書室には、多くの歴史上の人物が毎日のように通って思索《しさく》にふけりました。その中に、カール・マルクス（1818～1883年）という人物がいました。

19世紀半ばのヨーロッパは急速な経済成長が始まり、お金の役割がどんどん大きくなっていった時代でした。マルクスは、そうした経済成長の陰《かげ》で、その犠牲《ぎせい》となって貧しい生活を送ることを強《し》いられている人たちがいることに気づきました。そして、お金を中心に

1851～56年にかけてマルクスが住んでいたロンドンのアパート

大英博物館

成り立っている経済のしくみが、なぜそうした人たちを生み出してしまっているのかについて、正面から向き合い、『資本論《しほんろん》』という本を書き上げました。

この本は、とても大きな反響《はんきょう》を呼び、世界中で広く読まれました。そして、マルクスの死後、その遺志《いし》を受け継《つ》いで、お金だけに振《ふ》り回されないで、みんながしあわせになれるような社会を作る試みが世界各地で行われました。たとえば、それぞれの人が稼いだお金をみんなで平等に分け合うようなしくみや、貧しい国の人たちからモノを買うときに少し多めにお金を払うようなしくみが考え出され、それが実行に移されました。第3章でお話しするソビエト連邦《れんぽう》の社会主義もそうした試みのひとつでした。

しかし、こうした試みはかならずしもうまくいきませんでした。もちろん、小さな規模で成功をおさめた例は数多くありますが、お金を稼ぎ、お金を使うことで成り立っている経済のしくみ自体を変えることにはいたりませんでした。

それはなぜでしょう。

その理由は、こうした試みがこれまで私たちが慣れ親しんできたしくみ、つまり、お金を稼ぎ、お金を使うことで成り立っている経済のしくみとまったく違《ちが》うことをいきなりやろうとしたからです。昨日までお金を使っていたあなたが、じゃあ、新しいしくみに変えますと言われて、今日、いきなりお金を使うのをやめることができるでしょうか？　そんなことといきなり言われても困りますよね。これは極端な例ですが、でも、新しいしくみを作ろうとした人たちの多くは、とにかく今のしくみはダメだから、それとは違うことをしないといけないといって、やり方を急に変えたのです。

お金を中心に成り立っている今の経済のしくみは、問題もあるけれど、便利なこともたくさんあります。私は、問題があるから便利なところもふくめて全部やめてしまうよりも、便利なところはきちんと残して、問題のあるところがなにかを冷静に見極《みきわ》めて、そこを直しながら今のしくみを活用していくほうが、ずっと現実的だと思っています。

マルクスの考えについては、新しい世の中のしくみを作るという意味あいで語られることが多いのですが、私は、今のしくみの良いところ、悪いところをきちんと見極め、使えるところは活用して使えないところを直していくことこそが、マルクスがめざしていたものだと思っています。

私は大学に入ってまもないころ、マルクスが書いた本をたくさん読みました。マルクスを読むのが大学で流行《はや》っていたのは、新しい世の中のしくみを作るぞ、と息巻《いきま》いていた私よりもずっと年上の人たちが大学にいたころのことですから、私がマルクスの本を読みふけっているのは、少し時代遅れのように周囲からは見られました。でも、流行が過ぎ去っていたからこそ、根拠《こんきょ》のない理想に踊《おど》らされることなく、今の経済のしくみを冷静に分析《ぶんせき》するというマルクスのそもそもの関心の持ち方に沿って、彼の本を読めたのではないかと思います。

その後、私は大学の研究者をめざして、本格的に経済の勉強を始めました。大学の研究者という職業は、なにか新しい発見をすることが大きな仕事の目標です。ですから、偉大《いだい》な先人であるマルクスと同じことをやっても意味がありません。そこで、お金を中心に成り立っている今の経済のしくみがどんなものなのか、マルクスとは別な角度から理解しようと試行錯誤《しこうさくご》をくり返しました。大学のときには農業の視点から、大学院に進んでからは、オークションという通常とは違う売買の視点から、今の経済のしくみの良いところ・悪いところを理解しようとしました。

どちらの視点からもおもしろい研究ができましたが、もっと誰もやっていないところから研究をしてやろうという思いが日に日に募《つの》ってきました。そんな矢先、「イスラーム経済」という聞いたこともない言葉を耳にしました。

イスラーム教というのが世界の三大宗教のひとつであることは、あなたも知っているかもしれませんね。でも、その宗教であるイスラーム教と経済がどうして結びつくのでしょうか？　当時の私には想像もできませんでした。

でも、イスラーム教でいちばん大切にされている言葉であるアラビア語を勉強して、イスラーム教にかんする本を読みふけっていくうちに、「イスラーム経済」というのは、今の経済のしくみの良いところ・悪いところを明快に理解するための格好の材料かもしれないと思い始めました。そして、イスラーム経済のしくみを学ぶことで、お金を中心に成り立っている今の経済のしくみの良いところを生かしながら、みんながもっとしあわせになれる新しいしくみを作り出せるかもしれないと考えました。イスラーム経済と、私がずっと気に留《と》めていたマルクスの関心の持ち方とがつながった瞬間《しゅんかん》でした。

この本では、まず前半で、お金を中心に成り立っている今の経済のしくみがどんなものであるか、そして、そのしくみがどんな問題を抱《かか》えているのかについてお話しします。そのとき、あなたにお願いしたいのは、今のしくみがもう使い物にならないダメなもので、新しいしくみを作らないといけないのだと考えるのではなく、今のしくみのなにがまだ使えて、なにが問題なのかを冷静に見極める視点、まさに、マルクスの視点をつねに意識してほしいということです。そうすれば、後半の「イスラーム経済」の話を聞いて、私たちがそこからなにを学び、なにが活用できるのかを考えることができると思います。

今の経済のしくみがダメだと思いこんでイスラーム経済の話を聞く人の多くは、そこに、とてもすばらしい別世界が待っていると思いがちです。けれども、イスラーム経済は別世界の話ではありません。むしろ、私たちが慣れ親しんでいる今の経済のしくみと似ている部分が多くあります。別世界だと思ってしまったら、それを自分たちのしくみに生かすことはできません。かつてマルクスの遺志を継いで失敗した人たちの二の舞《まい》になるだけです。

そうではなく、似ていると感じるからこそ、今の経済のしくみを生かしながらも、それをどうすればより良いものにできるかのヒントを得ることができるのです。だからこそ、私はイスラーム経済に魅力《みりょく》を感じるのですが、この本を最後まで読んでみて、あなたもそう感じてくれたら、それ以上の喜びはありません。

それでは、まずは「お金」はどうして「お金」なのか、そこから話を始めましょう。

第1章

お金ってなに？

――そもそもお金って、どうして使えるの？

お金ってなんなのか、考えてみましょう。

たとえば、あなたがハサミが必要でお店に買いに行くとします。お店の人Aさんはお金と引き換《か》えにハサミを渡してくれます。あなたは必要なものを手に入れることができたし、Aさんは商品が売れてお互いに満足です。

Aさんは商品を売って手に入れたお金で次の商品を仕入れたり、家賃《やちん》を払《はら》ったり、自分が生活するのに必要なものが買えます。Aさんにモノを売ったそれぞれのお店の人も同じように、いろいろな人からお金と引き換えに必要なものを手に入れます。

お金があればモノを買うことができるので、誰もがお金を使って必要なものを手に入れています。お金がなければ、あなたがハサミが欲しいとき、ハサミを持っているAさんが欲しいもの（たとえばお米）をあなたが持っていなければ交換してもらえません。自分が欲しいものを持っている人に会わないかぎりは交換できないので、共通して交換に使えるものがあったほうが効率がいいのです。これがそもそもお金が存在している理由です。

お金には3つの働きがあります。今、説明したのは、お金の「交換機能《こうかんきのう》」です。このほかに、「価値尺度機能《かちしゃくどきのう》」、「価値貯蔵機能《かちちょぞうきのう》」があります。

価値尺度機能とは、あるモノの価値はいくらかということをモノサシのように測る機能です。お金があれば、たとえば「これは2000円です」と言えます。でもお金がなければ、なにか別のモノ（たとえばうさぎ）を持ってきて「これの10個分です（うさぎ10羽《わ》です）」と言わないと価値を表せません。でも、ちょうど10羽分ではなくて、9・5羽分かもしれません。どんなうさぎかによって価値が違《ちが》うかもしれません。お金ならそんな心配もなく明確に表せます。モノの価値を他のモノで測ったらいくらかというとき、非常に簡単で便利な尺度《しゃくど》（モノサシ）がお金なのです。これがお金の価値尺度機能です。

――そもそも価値ってなんのこと？

価値という言葉は、「この本は読む価値がある」「あの壺《つぼ》はあまり価値がない」というように、あるモノが自分にとってどれだけ大事なのか、役に立つかの度合いを指すときに使います。価値は、同じモノであっても、「とても大事」「まあまあ大事」「そんなに大事でない」のように人によってさまざまですが、みんなの価値を比べるためには、なんらかの共通のモノサシがあったほうが便利です。それが価値尺度です。

――価値尺度は値段で表さないといけないの？

いいえ。「円」や「ドル」でなくても、10コップ、20ペットボトルでも、みんなが同じように数えられればなんでもいいんです。でもそれでは使い勝手が悪いので、結果として今使っているような抽象的《ちゅうしょうてき》な「円」とか「ドル」という単位になりました。

次に価値貯蔵機能というのは、自分が持っている財産を貯《た》めておくことができる機能です。１００円を自分のものにしておいて、1年経《た》っても2年経っても１００円は１００円で変わりません。変わらず価値を保存できるという意味です。貯金箱《ちょきんばこ》に１００円入れておいたものが腐《くさ》ってしまって、１日後には同じ価値を表せないのでは困ります。それはお金ではありません。時間が経っても１００円は１００円でありつづけるというのがお金の貯蔵機能です。

――毎月のおこづかい１０００円を使わないで３ヵ月貯めたら３０００円のモノが買えるってことでしょ？

そうです。3ヵ月後も1年後も価値が変わらないから、今使ってもいいし、1年後に使うこともできます。アイスクリームがお金だよと言われて渡されて、それを持ってお店に行っても、行くあいだに溶けてしまって、もとの形でなくなってしまう。それだと家で持っていたアイスクリームで買えたものと、お店で溶けたもので買えるものは違ってきます。お金は同じ形が保たれているものでないといけないのです。

この3つの機能が全部そろっているのがお金です。どれかひとつだけ取り出してもお金にはなりませんし、どれかひとつ抜《ぬ》けてもお金ではありません。逆に、この3つの機能がそろっていれば、なんでもお金になります。麦わらがお金になっていたことも、貝ががお金になっていたこともあります。

——梅干しは食べものだけど、お金になるの？

はい。3つの機能をそなえていれば、どんなものでもお金になります。じっさい、現在でもアメリカのある刑務所では、カップラーメンがお金の代わりになっているという記事を読んだことがあります。誰もがもらえる支給品のカップラーメンですべての価値を測るようになっているそうです。1カップラーメン、2カップラーメン、という具合です。なにかしてほしいとき、「これやってくれたらラーメン3個渡《わた》す」とか。「じゃあカップラーメン2個でやってやる」とか。カップラーメンは食べてもおいしいので使用価値もありますが、価値を表すことができて（価値尺度機能）、貯めておけて（価値貯蔵機能）、それを使ってなにかと交換できる（交換機能）、お金の3つの機能を持っているのでお金として使われているのです。

――カップラーメンがお金ってすごい思いつきだね。

お金と聞いて思いうかぶのは硬貨《こうか》と紙幣《しへい》だと思いますが、お金の3つの機能を果たせればなんでもいいのです。私たちがいつも使っているお金も、たまたま今の形になっただけです。「せーの」で紙コップをお金にすることも可能性がないわけではありません。

――そんなのありえない！

そう思いますか？　ではあなたはどうして今のお金（10円硬貨とか1000円札とか）をお金と思っているのでしょう？

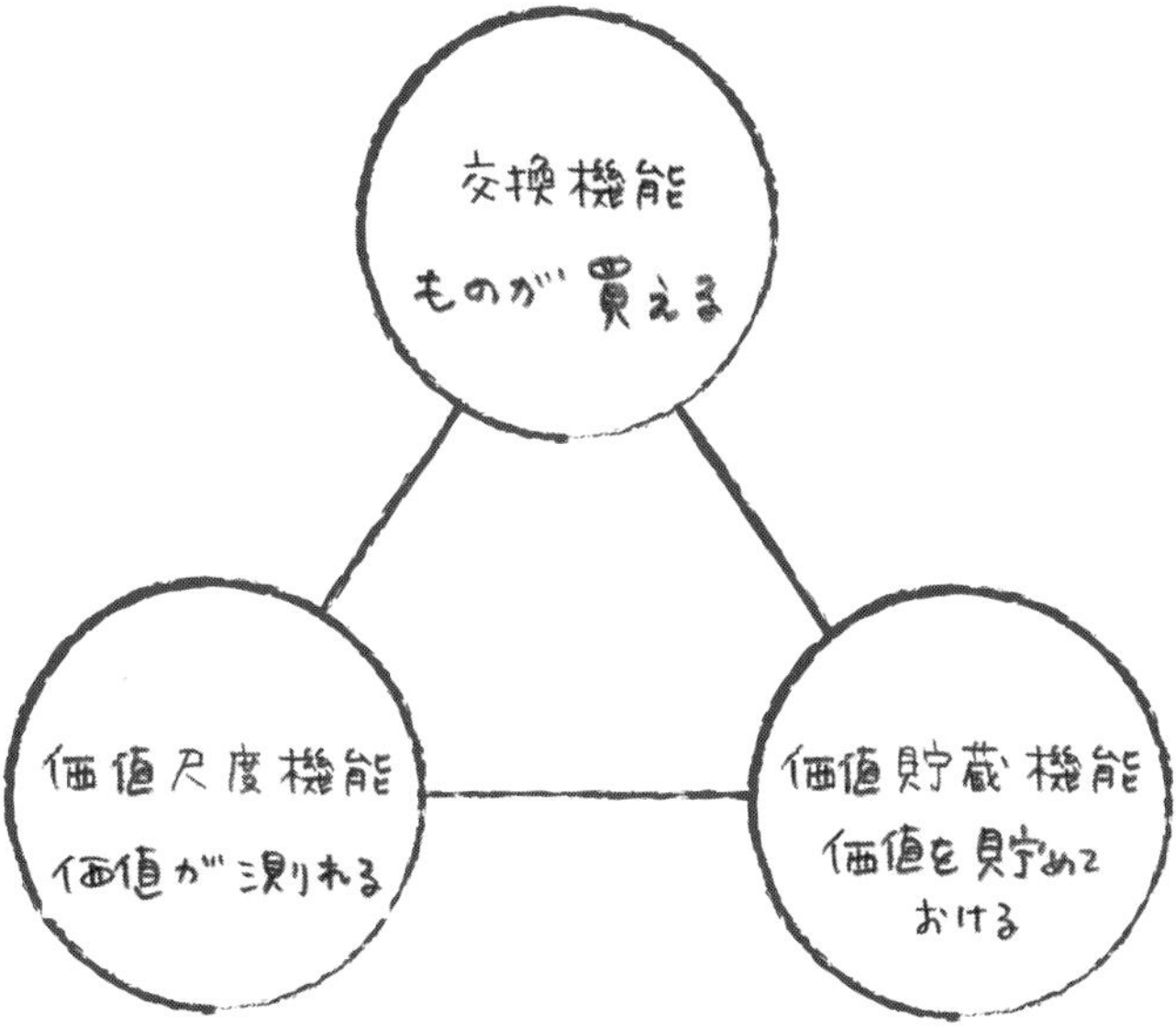

※3つそろっていればどんなものでもお金

お金の3つの機能

――だって、みんなそう思ってるし、ふつうに使えるから。

そうですね。ではどうしてみんながそう思っているのでしょう？

これにはふたつの説明のしかたがあります。ひとつめの説明は、お金そのものに価値があるから、みんながそれを価値あるものとして使う、というものです。金《きん》や銀はそれだけで価値がある。金《きん》で作ったお金（金貨）ひとにぎりと、自転車が釣《つ》り合うと考える、というわけです。ただ、これだと紙切れのお札が通用する理由が説明できません。

1000円とか1万円と書いてある紙切れを「これがお金ですよ」と言われて、どうしてみんながお金だと思うのでしょう？　紙きれ自体に1000円や、1万円の価値があるわけではありません。ひと昔まえまでは、紙切れのお札もじっさいに金《きん》と交換することができる制度（金本位制《きんほんいせい》）が世界中で使われていたので、お札にも金《きん》と同じ価値があるということができました。けれども、現在ではその制度は停止されてしまっていますので、今のお金がなぜお金として通用しているかということは説明できません。

もうひとつの説明は、ときの権力者がこれをお金と決めたからお札として通用する、という考え方です。国の権力を裏づけとして誰かが決めたルールにみんなが従う、ということです。このほうが、金本位制でなくなって価値がまったくない紙切れをみんながお金と

お金がお金として通用するのは
みんながそう思っていると誰もが思っているから

思っている、ということの説明がつきやすいです。じっさいに、日本でもなにがお金であるかについて国が法律（「通貨の単位及び貨幣の発行等に関する法律」）で決めています。けれども、歴史をふりかえれば、国がないところでもお金はありました。そこでのお金は石ころなど、それ自体に価値がないようなものも含めていろいろなもので存在していました。お金をお金として成り立たせるために、国の権力はかならずしも必要ではないのです。

つまり、歴史上、現在までのお金について、ひとつめの説明（お金そのものに価値がある）で理解できるときと、ふたつめの説明（権力者がなにかをお金と決める）で理解できるときがありますが、お金全般《ぜんぱん》がなぜお金として通用しているかということは、どちらかひとつでは説明できないのです。

では、どうしてお金がお金として通用するのか、すべてのお金について通用する説明は、「誰かがこれをお金だと思うとき、なぜそう思うかといえば、誰かもそう思っているから」です。その「誰か」もほかの「誰か」がお金だと思っているから受け取る。この人がお金だと思って受け取ったから、私も……と、お金にたいする信用が無限に連鎖《れんさ》していくことが、お金をお金として成り立たせているのです。

金貨や銀貨でなくても、石ころや紙切れでも、みんながお金として受け取られると信じるものならなんでもいい。ただそれだけです。ときの権力者がいなくても、その社会の構成員がみんなそう思っていればお金として通用するのです。

――え？　そんなことでもいいの？

意外かもしれませんが、人間が使っているあらゆる制度は、こうした信用の無限の連鎖があるからこそ成り立っているのです。たとえば、言葉もそうです。「りんご」と言えば、なにを指すのかみんなに共通の理解（＝信用の無限の連鎖）があるからその言葉が通用しているのです。

私たちのふだんの生活で目にするさまざまなルールの中にも、そうしたみんなの共通の理解によって成り立っているものがあります。わかりやすいのが、エスカレーターの乗り方です。東京ではみんな左側に立って、急ぐ人のために右側を空けるのが暗黙《あんもく》のルールになっています。一方、大阪では右側に立って左側を空けます。こうしたルールは誰かが決めたわけではありません。東京ではみんなが左側に立つものだという共通の理解があるから左側に立つし、大阪ではみんなが右側に立つものだと思うので右側に立つのです。

こうした信用の無限の連鎖によって成り立っている制度は、そう簡単には変わりません。もし、誰かひとりが「自分はこの赤くて甘酸《あまず》っぱい食べ物を『みかん』と呼びたい」と言

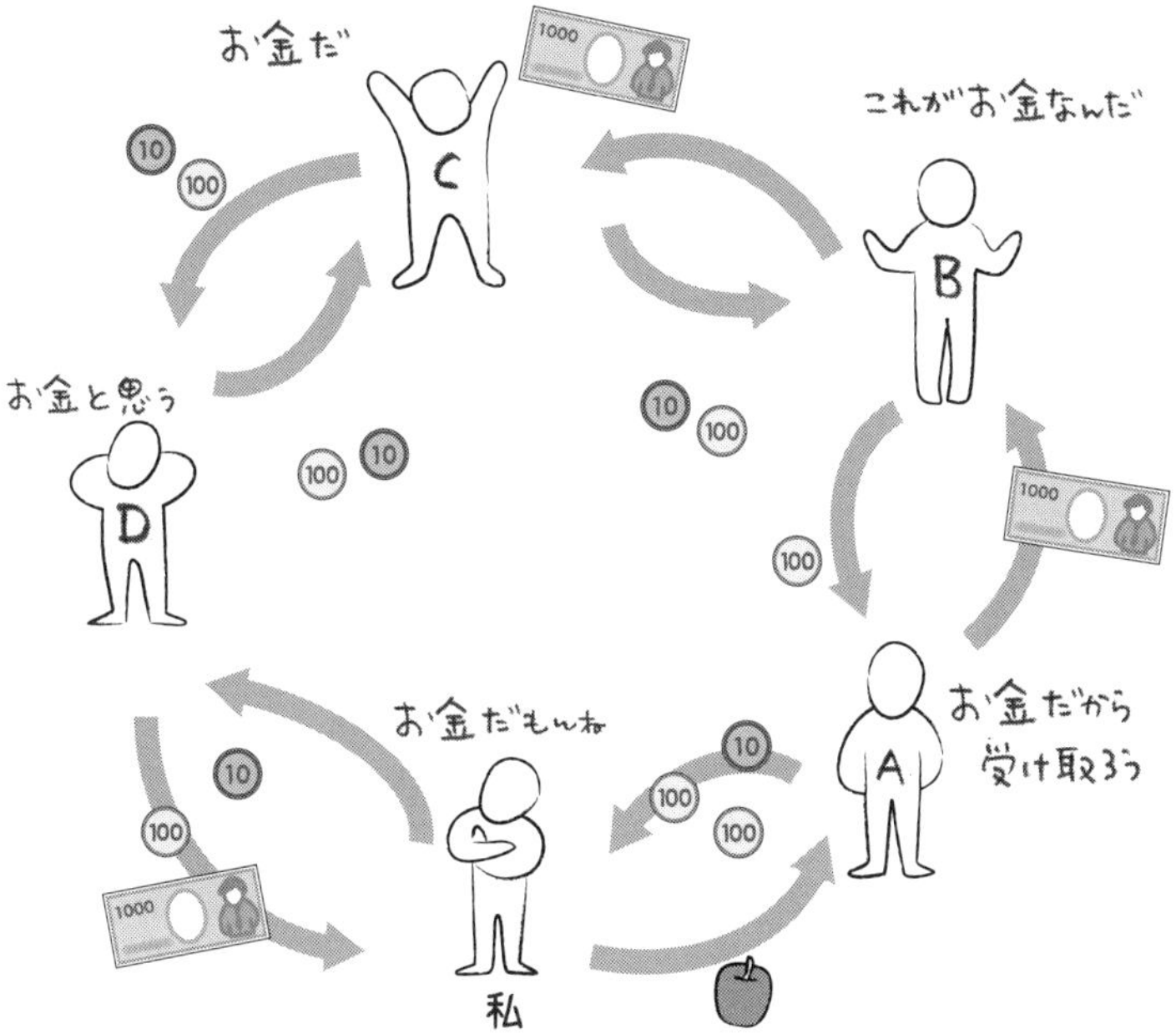

みんなが「お金だ」と思っているから
お金はお金として機能している。
みんなが「お金だ」と思わなくなったら
お金はお金でなくなる。

信用の無限の連鎖

い出しても、ほかのみんなが「りんご」と呼びつづけているかぎり、もっと正確に言うと、ほかの誰もが「みんなが『りんご』と呼びつづけるだろう」と考えているかぎり、その赤くて甘酸っぱい食べ物の名前は「りんご」のままで、けっして「みかん」に変わることはありません。「みかん」と呼びたいと言い出した人も、ほかの人と話が通じなくなって困ってしまい、結局、呼び方を「りんご」に戻すことになるでしょう。

エスカレーターの乗り方でも、誰もが「東京では左側に立つものだとみんなが思いつづけるだろう」と考えているかぎり、自分だけが右側に立ってもなんの得にもなりません。歩く人には迷惑《めいわく》がられますし、自分が急いでいるときは右側が空いているほうがいいですから、左側に立つというルールが守られつづけることになります。

お金についても、言葉やエスカレーターの乗り方と同じように、誰もが「みんながこのお金をお金だと思いつづけるだろう」と考えているかぎり、今のお金がお金として通用しつづけるのです。

――でも今のお金は、もうちょっときっちりしてるでしょ？

今、お金というとなにを思いうかべるでしょうか。10円硬貨や1000円札だけでしょ

目に見えないお金も、みんながお金と思うからお金として使えている

うか？　現在のお金には硬貨や紙幣としては存在しないものもあります。そして、そうした目に見えないお金の役割がどんどん大きくなってきているのです。たとえば、銀行の口座から別の口座に支払うときは通帳に数字で表されるだけで、じっさいにお札を出したりしませんし、Ｓｕｉｃａ《スイカ》やＩＣＯＣＡ《イコカ》のような電子マネーではプラスチックの板でタッチするだけで支払いができます。最近では、ビットコインというコンピュータの暗号を使って世界中の人とやりとりができる新しいお金も登場してきています。

こうした目に見えない新しいお金がなぜお金として通用しているのでしょうか。コンピュータの画面上に並んでいる数字に価値があるわけではないですし、（とくにビットコインは）どこかの政府がお金だと決めてできたわけでもありません。それこそ、みんながお金だと思うからお金として使えているのです。まさに、これまで見てきたお金の本質がとてもわかりやすい形で表れているといえます。これから先、私たちが想像もできないような新しいお金がどんどん世に出てくるかもしれません。けれども、お金の本質はこれからも変わらないでしょう。

さて、ここで考えてみましょう。みんながそう思うからお金として使えるということは、みんながそう思わなくなったときどうなるか。

まず、エスカレーターの例で考えてみましょう。私が住んでいる京都では、エスカレー

ターの乗り方についてのルールがきちんと決まっていません。それは、全国からたくさんの観光客がやってくるからです。東京から来た人は左側に立とうとし、大阪から来た人は右側に立とうとします。そうすると、お互いに「あれ？」と混乱してしまい、「急いでいる人のためにエスカレーターの左右どちらかを空ける」というルールが成り立たなくなってしまうのです。

お金についても同じで、誰かが、これはもしかしてお金ではないかもしれない、と思って、となりの人もお金でないかもしれないと思うようになると、じゃあ、自分もこれはお金じゃないかもしれないと思って、またとなりの人がお金じゃないかもしれない……と連鎖していって、みんながお金を手放していきます。これが、お金がお金でなくなる瞬間です。

——お金がお金でなくなるって、ほんとにそんなことがあるの？

はい。じっさいに、第一次世界大戦後のドイツやちょっと前のアフリカのジンバブエという国でそういうことが起こりました。ドイツは第一次世界大戦に負け、戦勝国《せんしょうこく》への多額の賠償金《ばいしょうきん》の支払いが必要になりましたが、国内は戦争であらゆる産業が破壊《はかい》され、お金を稼《かせ》ぐ手段がありませんでした。そこで、政府がやむをえずお札を大量に刷《す》ったので、

お金にたいする信用がなくなるとハイパーインフレーションになる

モノが不足しているのにお金だけあるという状態が生まれました。札束をつんでもパンすら買えず、パンを手に入れるためには、もっと札束をつまないといけなくなりました。

こうして、モノの値段がどんどん上昇していって、モノにたいするお金の価値が急落する状況《じょうきょう》が生まれました。パンの値段は1年間で何十億倍にもなったといわれています。こうした状況を「ハイパーインフレーション」といいます。

どんなに札束をつんでもモノがほとんど買えなくなるわけですから、ハイパーインフレーションは、お金にたいする信用がなくなる状態だといえます。そこでは、「もしかしてこれはお金じゃないかもしれない」という思いがみんなの中で広がっていき、お金がお金として通用しなくなっていきます。まさに、お金の危機《きき》です。

――パンの値段が何十億倍になるの？ それ困る！

なんでもお金で買える今の経済において、ハイパーインフレーションはいちばんの危機ですが、いつでも起こりうることでもあります。なぜなら、「もしかしてこれはお金じゃないかもしれない」という思いが広がるのは、ウワサが広がるしくみに似ているからです。

あなたは、テレビやインターネットでいろんな情報を耳にしますね。その情報の中には、ほんとうかどうか疑わしい情報も多くあります。でもまことしやかに広まっている。それと同じように、もし、悪意のある誰かが、「明日、お金が通用しなくなるかもしれない」というウソの情報をツイッターでつぶやいたのを、ほかの誰かが真《ま》に受けて、さらにほかの誰かに伝えたとしましょう。その偽《にせ》の情報がいつのまにか広がっていき、みんなのあいだで共有されることで、ほんとうにお金が通用しなくなるかもしれないのです。

第一次世界大戦後のドイツのように、誰の目からもお金が通用しなくなることが見通せる状況でなくても、ちょっとしたきっかけで、ハイパーインフレーションは起こりうるのです。悪意ある偽の情報ではなく、「日本経済の先行きが怪《あや》しいかもしれない」といった漠然《ばくぜん》とした情報や憶測《おくそく》がきっかけになるかもしれません。誰でも情報を発信でき、その情報が簡単に広まっていく今の時代のほうが、ちょっとしたきっかけでハイパーインフレーションが起こる可能性は高まっているのかもしれません。

そんな経済の中で、お金を稼いで生活している私たちですが、どうやってお金を稼いでいるのでしょうか？　先に答えてしまうと、なんらかの違いを見つけてそこからお金を稼いでいるのです。そして、そういうしくみを持っている経済のあり方を「資本主義」といいます。

次の章では「資本主義」についてみていきましょう。

第2章

資本主義ってなに？

――違《ちが》いを見つけてお金を稼《かせ》ぐって、どういうこと？

それがどういうことか、考えていきましょう。

お金を稼ぐには、誰かからお金を受け取らなければなりません。それもたんにお金をもらうのではなく、なにかの対価《たいか》としてお金を払《はら》ってもらう、つまり、誰かになにかを売らなければならないということです。

たとえば、私があなたになにかを売りたいとき、あなたと私で同じものを持っていても意味がありません。たいていの場合、すでに持っているものを私から買おうとは思わないですよね？　あなたになにかを売るには、あなたが欲しいと思うものを私が作ったり、どこかから仕入れてきたりして、「これどうですか」と聞いて、あなたが「欲しい！」と言ったら売ることができます。そのとき、私がそれを作ったり仕入れたりするためにかけた費用とあなたに売った値段の差が私の儲《もう》け（利益）となります。

私が仕入れにかけた費用と同じ値段で売っても意味がありません。１００円で仕入れたものを１００円で売っても儲けはゼロになってしまうからです。ですから、１００円で仕入れたときは、１００円より高い値段でそれを買ってもらわなければなりません。そのためには、なんらかの「違い」を作り出すことが必要です。

資本主義とは「違いを見つけてお金を稼ぐ」こと

たとえば、私が小麦粉を買ってきておいしいパンを焼いたとしましょう。そのとき、あなたは30円分の小麦粉で作ったパンを100円で買ってくれるかもしれません。あるいは、日本では飲むことのできない特別な香りのする紅茶を私が外国から買ってきたとしましょう。日本円で200円に相当する値段で買ってきたにもかかわらず、あなたは500円でも買いたいと思うかもしれません。ほかにかかった費用（パンを作るための光熱費や外国に旅行するための飛行機代など）をとりあえず無視して考えると、パンの例では70円、紅茶の例では300円を私は儲けることができます。

それでは、なぜあなたはパンや紅茶を買いたいと思ったのでしょうか。それは、私が作り出した「違い」に価値を見い出したからです。パンの例では、小麦粉をパンにすることで、紅茶の例では、日本にない紅茶を外国から持ってくることで、「違い」を作り出しています。そして、あなたは、その「違い」（小麦粉にはないパンのおいしさ、日本の紅茶にはない外国の紅茶の特別な香り）に惹《ひ》かれて、より多くのお金を支払い、私は、違いを作り出した対価としてお金＝儲けを手にすることができたのです。

これが、「違いを見つけてお金を稼ぐ」ということです。

このような経済のしくみを「資本主義」と呼びます。そうした違いを見つけてモノを売ったり買ったりする人たちが集まる場所を「市場《しじょう》」といいます。そして、資本主義のしくみにもとづいてモノを売ったり買ったりすることを「市場交換《しじょうこうかん》」とも呼びます。

——「市場《しじょう》」って言葉は、「市場《いちば》」とは違うの？

あなたの町にも、きっと駅前の商店街とか、港の近くの魚市場《うおいちば》とか、お店が集まっている場所がありますよね。最近は、ショッピングモールというたくさんのお店が入っている巨大なビルもあちこちで見られるようになりました。これらはみんな、じっさいの売り買いを目で見ることができるので、あなたの想像する「市場《いちば》」という言葉がぴったり当てはまります。

けれども、売り買いが行われるのは、売り手と買い手が直接会う場所だけではありません。日本は多くの農産物を外国からの輸入に頼っていますが、そうした農産物の多くは、離《はな》れている売り手と買い手が電話を使ったり、商品取引所と呼ばれる売買をまとめて仕切る場所を使ったりして売り買いしています。そうした私たちの目には見えない売り買いも、同じ資本主義のしくみにもとづいて行われていますから、目に見える売り買いの場所と目に見えない売り買いの場所をまとめて「市場《しじょう》」と呼びます。

最近では、私たちもインターネットを使って、売り買いをすることが増えてきています

いろいろな市場（いちば／しじょう）

エジプト・カイロの古くからある市場《いちば》

アラブ首長国連邦の
巨大ショッピングモール

アメリカの
シカゴ商品取引所

よね。この本をインターネットで買ってくれた人もいるんじゃないでしょうか。これも目に見えない市場《しじょう》のひとつなのです。

――資本主義のしくみは最近できてきたものなの？

いいえ。違いを見つけてお金を稼ぐということは、昔から行われてきました。資本主義のしくみは特別なものではなくて、どこにでもある共通のしくみです。一方、お金の流れは、資本主義のしくみにもとづいた市場交換だけではありません。

――お金の流れ？

はい。お金やモノのやりとりには、市場交換とは別に「互酬《ごしゅう》」と「再分配《さいぶんぱい》」というお金の流れがあります。

「互酬」は、長い時間をかけるお金の流れです。あなたは家族や親戚《しんせき》からお年玉をもらうでしょう？　どうしてもらえるのだと思いますか？　今年もらったお年玉だけに注目すると、大人から子どもへの一方通行のお金の流れに見えます。でも、将来、あなたが大人

お金の流れには
「市場交換」「互酬」「再分配」の３つがある

になって子どもができたり、兄弟姉妹に赤ちゃんが生まれたりしたら、今度はあなたがお年玉をあげる番になります。あなたのお父さんもお母さんも、親戚のおじさんもおばさんも、子どものときにお年玉をもらっていたから、今、あなたにお年玉をあげているんです。こうやって、みんなの暗黙《あんもく》の了解《りょうかい》を背景に、自分がもらったお金をとても長い時間をかけてほかの誰かに返していくことを互酬と呼びます。

ほかにも、結婚のお祝いをあげたら、自分が結婚するときにお祝いをもらえるとか、お葬式のときにお香典《こうでん》をあげたら、いつか自分の家族が亡くなったときにお香典をもらえるというのも互酬です。互酬の特徴は、お金を儲けるための資本主義とは違って「助け合い」「お互《たが》いさま」と考えるといいですね。

——「互酬」ってむずかしい言葉だと思ったけど、よく見ると「お互いに、酬《むく》いる」だもんね。

そのとおりです。次に「再分配」ですが、これは強い力を持った者が強制的あるいは半強制的、あるいは暴力的《ぼうりょくてき》にお金を集めてみんなに分配し直すことです。集めたお金は、貧しい人や困っている人に直接分配されるだけでなく、学校、病院、道路のようなみんなで使う公共施設《しせつ》の整備・運営にも使われます。

昔は、地域の有力者が人々からお金を強引に集めて貧しい人に再分配し、それによって自分の権力を高めていきました。それがしだいに制度化されていって、国がお金を集めて分配する権利を独占《どくせん》していきました。これが、今、私たちが国に納めている税金の始まりです。あなたもお店でなにか買ったときに消費税を払っていますね。それも、再分配のしくみのひとつです。あなたの払った消費税も、私たちがくらす社会のために役に立っているんですよ。ですから、再分配は「分かち合い」と考えたらいいと思います。

「市場交換」と「互酬」「再分配」の関係はどうなっているの？

これまでの世界の歴史におけるお金の流れは、「市場交換」「互酬」「再分配」の３つのしくみの組み合わせで説明することができます。

原始的《げんしてき》な社会は「互酬（助け合い）」が強い経済でした。たとえば、稲作《いなさく》がまだ始まっていない縄文《じょうもん》時代の日本では、人々は動植物の狩りや採集を行って生活をしていましたが、そこでは、獲《と》った動植物をお互いにゆずり合って食べる互酬の習慣が根づいていました。こうした経済では、「再分配（分かち合い）」や「市場交換（売り買い）」がないわけではあ

「市場交換」は「売り買い」、「互酬」は「助け合い」
「再分配」は「分かち合い」

りませんが、多くが誰かにあげたらいつか返してもらうというものでした。

「原始的」と書くと大昔のことで、今はなくなってしまったように思えますが、こうした互酬にもとづく社会は、世界各地に残っています。南太平洋にあるトロブリアンド諸島やその周辺の島々では、島どうしで装飾品《そうしょくひん》を贈《おく》り合う慣習が今でもつづいています。そうした互酬の関係をつづけることによって、これらの島々は、ともに生きるひとつの共同《きょうどう》体《たい》を維持しているのです。

古代から中世、近世にかけての中国や、中世ヨーロッパの絶対王政《ぜったいおうせい》の時代、日本の弥生《やよい》時代から江戸時代にかけては、「再分配」が大きな割合を占《し》める経済でした。強大な権力を持つ君主《くんしゅ》が、非常に強い再分配の力で国をひとつにまとめていました。

鎌倉時代《かまくらじだい》の「御恩《ごおん》と奉公《ほうこう》」を考えるとわかりやすいかもしれません。権力を持っている将軍《しょうぐん》が、自分につくした家臣《かしん》に領土《りょうど》や恩賞《おんしょう》を与えることが、家臣たちの忠誠心《ちゅうせいしん》の裏付けとなっていました。あるいは、江戸時代には幕府が農民から年貢《ねんぐ》を集めて、海の埋め立てや河川《かせん》の護岸《ごがん》工事といった公共工事を行いました。みんなが使える公共施設を整備することは、権力の基盤《きばん》のひとつになっていたのです。

私が住んでいる京都には、鴨川《かもがわ》が町の中心を流れていて、両岸には多くのお店や住宅が広がっていますが、こうした町が発展できたのは、江戸時代に幕府によって新しい鴨川の堤防《ていぼう》が作られたからだといわれています。

――お金がかかることを年貢を集めてやってたんだね。

そうですね。

その後、「市場交換」の力がしだいに強くなってきて、それが圧倒的《あっとうてき》に優位になったのが、今、私たちのくらす世界です。「違いを見つけてお金を稼ぐ」という資本主義のしくみが社会のすみずみまで行きわたり、「互酬」や「再分配」もないわけではないけれど、「市場交換」の力がとても強い世界です。

人によっては、こうした資本主義のしくみが行きわたっている今の世界の経済のあり方にかぎって、「資本主義」という言葉を使いますが、この本では、「違いを見つけてお金を稼ぐ」というしくみは、いつの時代にも多かれ少なかれあったことを強調するために、広い意味で「資本主義」という言葉を使います。そうすることで、昔のしくみのように思いがちな「互酬」や「再分配」だって、どの時代にもあるということも理解できると思います。

――ということは、今ほどではないにしても、「資本主義」のしくみが行きわたって

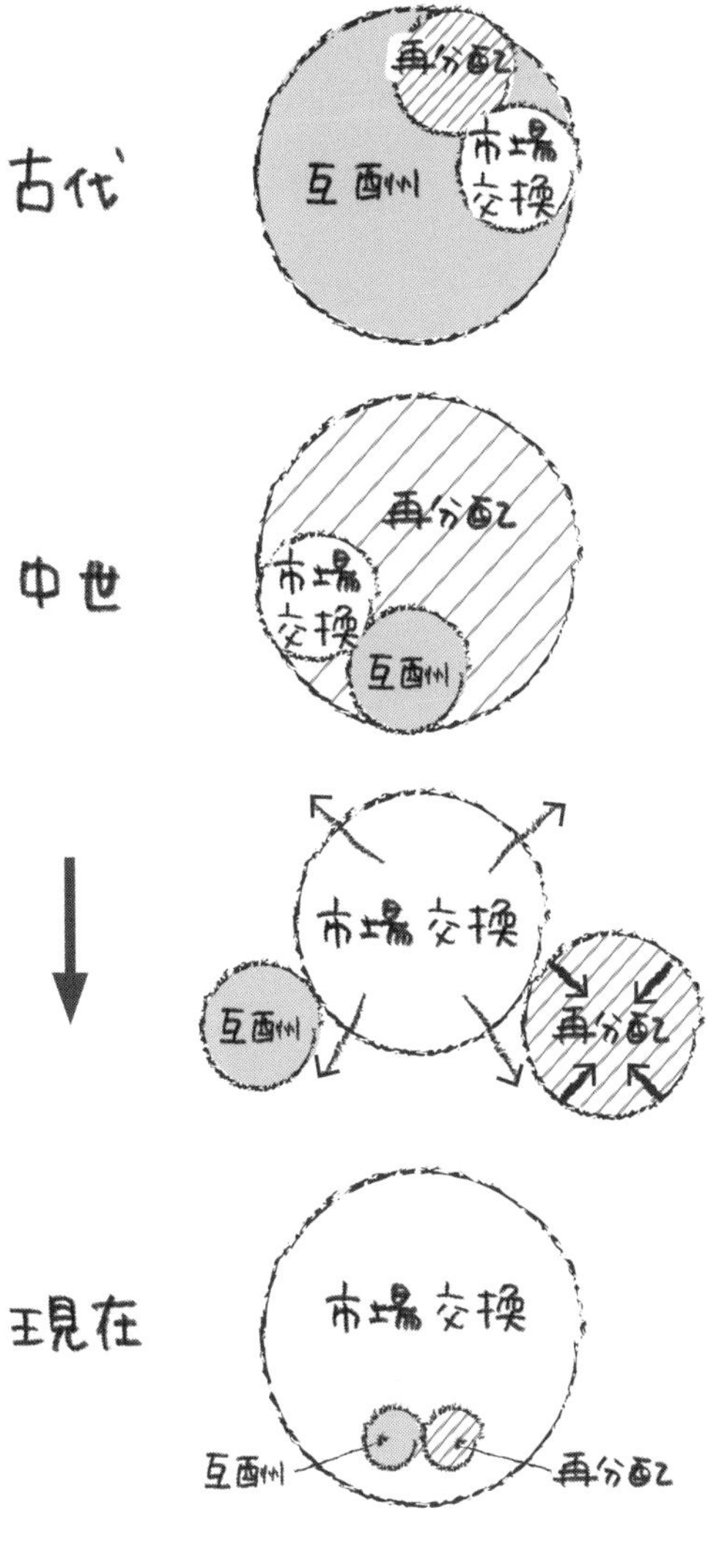
古代
再分配
市場交換
互酬
中世
再分配
市場交換
互酬
市場交換
互酬
再分配
現在
市場交換
互酬
再分配

いた社会は、昔もあったの？

はい。最近の研究では、古代のローマ帝国や中世のイスラーム世界では、「違いを見つけてお金を稼ぐ」しくみがかなり行きわたっていたということもわかってきています。江戸時代だって、江戸や大坂のような大都市では、商業がとてもさかんで、今の経済を先取りするような画期的《かっきてき》な商売の方法が生み出されていましたから、「資本主義」のしくみがそれなりの影響力を持っていたんですよ。

――でも、今の世界がいちばん、「資本主義」の力が強いの？

お金を稼ぐことが生活の中心になっているという意味では、そうですね。資本主義のしくみが行きわたっているということは、なにをするにもお金がかかるような経済だということも意味しています。ですからみんな一生懸命《いっしょうけんめい》お金を稼がなければなりません。

――どうしてそうなったの？

「市場交換」はもともとは、自分が属する共同体の外の人と取引する方法だった

資本主義のしくみがあらゆるところに行きわたるようになったのは、18世紀後半に産業革命がヨーロッパで起こってからのことでした。

もともと「違いを見つけてお金を稼ぐ」ことは、自分が属する共同体の外の人と取引をするときのやり方でした。よく知らない人とのあいだには信頼《しんらい》関係がありませんから、少しでも相手に高く売ろうと一生懸命交渉《こうしょう》して値段を決めて、お金を稼いでいたのです。中世のヨーロッパやイスラーム世界、そして江戸時代の日本でも、最初に都市で「違いを見つけてお金を稼ぐ」やり方が広まっていきましたが、そこでかたちづくられたのは、ほかの場所からやってきた商人と売買を行うための市場でした。

産業革命のころから、こうした「違いを見つけてお金を稼ぐ」やり方が、しだいに共同体の中でも行われるようになっていきました。それまで「違いを見つけてお金を稼ぐ」こととは無縁《むえん》だったものが、そのしくみと切っても切り離せない関係になることを「市場《しじょう》化《か》」と呼びます。

その過程を少しくわしくお話ししましょう。

最初に起こったのは労働力の市場化でした。産業革命の始まりと前後して、イギリスでは工場に人を集めて手作業でモノを作ることが始まり、働く人が足りなくなっていました。一方、これまで共有地として農民が使っていた土地を、大土地所有者が自分たちが使うか

らお前たちには使わせないという「囲い込み」と呼ばれる動きが進み、それによって生活に困る農民が出ていました。

工場経営者たちは、そうした農民たちを都市の工場で働かせるために、いくらのお給料で雇《やと》うかを示します。すると農民たちは、どこに行ったらお給料がいいか把握《はあく》して、どこで働くかを決めます。農民たちからすると、生活するために自らを労働力という商品として売り出したことになります。こうして、労働力という商品を売ったり買ったりする労働市場が生まれました。

――工場に働きに行くのが、労働力の市場化なの？

そうです。自分の家で農作業をして農産物を売っていたときは、農民たちはお給料をもらって働いていたわけではありませんでした。しかし、工場で働きに行ってお給料をもらい始めることで、自分がどれだけ働くとどれくらいのお給料をもらえるかということがわかります。そこで、自分の労働力の価値をはじめて理解するわけです。

自分の労働力の価値を知った人たちは、今度は、その価値を高めるためにいろんな努力をし始めます。新しい技術を学んだり、もっと自分の能力に合った仕事を探したり、自分

働いてお金をもらうことは「違いを見つけてお金を稼ぐ」やり方そのもの

をもっと高く評価してくれそうな雇い主を探したり。これは、まさに、「違いを見つけてお金を稼ぐ」やり方そのものです。ですから、こうした変化を労働力の市場化というのです。

こうして始まった労働力の市場化は、産業の発展にともなって、工場にとどまらず、銀行業や貿易業、建設業などを始め、あらゆる職業に広がっていきました。こうした職業は、もともと自分やその家族という小さな規模で営まれていましたが、数百人から数千人の労働者を雇って大々的に事業が行われるようになりました。「サラリーマン」という言葉がありますね。会社に勤めて、毎月決まった額のお給料を会社からもらっている人たちのことを指します。今では多くの人たちがそうした働き方をしていますが、サラリーマンは、まさに労働力の市場化の産物です。

最近では、育児やお年寄りの介護《かいご》のように、これまで家族や近所の人たちに助けてもらってきたことも、お金を払って誰かに頼《たの》むことが増えてきています。労働力の市場化は、今でも進行中なのです。

——労働力の市場化って200年以上もつづいてるんだね。

産業革命後の世界では、労働力だけでなく、さまざまなものが市場化されていきました。

たとえば、お金を借りることだって市場化していきました。それまでの時代は、なにか商売をするためにお金が必要になったときには、近くにいる金貸し商人からお金を借りることが一般的でした。

産業革命によって、大きな工場を作ったり、大きな機械を買ったりするために、より多くのお金が必要になってきて、ひとりの金貸し商人からだけでは十分なお金を借りることができなくなってきました。そこで、より多くの人たちから広くお金を集めるために、「株式《かぶしき》」という紙切れを発行して、会社の経営がうまくいったら、利益の一部をお分けしますという約束でその紙切れを買ってもらうことで、お金を集めるようになりました。

株式1枚あたりの値段は、それほど高くはありませんが、その会社が行う商売に魅力《みりょく》や将来性がないと誰も買ってくれません。ですから、お金を集めたい会社は、ほかの会社よりも魅力や将来性があるという「違い」をアピールして、より多くの人たちからお金を集めようとします。まさに、ここでも、「違いを見つけてお金を稼ぐ（借りる）」やり方が見られます。これが、お金を借りることの市場化です。

このようにしてお金を集めて商売をしている会社のことを「株式会社」と呼びます。あなたも聞いたことがありますよね？　株式会社については、第4章でくわしくお話しします。

さらに、それまではすべて王様や領主などのもので売買されることのなかった土地も、産業革命あたりから、値段がつけられ売買されるようになりました。土地も市場化されたのです。

産業革命を機に広まっていった市場化は、その後、20世紀初めのアメリカで大量生産が始まって消費社会が一気に花開いたことで、飛躍的《ひやくてき》に進みました。自動車会社のフォードが一般の人でも買える値段の車を売り出すと、そういう車を欲しいと思う人たちが、自分の労働力をもっとたくさん使って（＝もっとたくさん働いて）より多くのお金を稼ぐということも起こりました。そして、人々はどんどんいろんなモノやサービスをお金を払って買うようになりました。

——市場化が進んでなにかいいことがあったの？

市場化の広まりによって、あらゆるものがお金を使ってやりとりできるようになりましたから、経済活動がより効率的にできるようになりました。さらに、「違いを見つけて稼ぐ」ことのできる場所が飛躍的に増えたことで、経済は爆発的《ばくはつてき》に成長していきました。

産業革命のころの全世界のGDP（国内総生産）は30兆円くらいでしたが、今は

6000兆円くらい。200年あまりで200倍にもなりました。ひとりあたりのGDPで見ても、産業革命のころは3万円くらい、今は100万円くらいですから、30倍以上にもなっています。今、大学を卒業するともらえる毎月のお給料はだいたい20万円くらいですが、それが30倍になって、毎月600万円ももらえたら、すごくうれしいですよね？

——30倍かぁ。そのGDPってなんなの？

GDP（Gross Domestic Product）は経済の成長を測る尺度《しゃくど》で、日本語では「国内総生産」といいます。ひとつの国の中で1年間にどれだけ新たな富が作り出されたかを表しています。「新たな富」とは、みんながお金を稼ぐために作り出した「違い」のことを指します。

たとえば100円のモノが120円で売れたら、それを売った人は20円分の違いを作り出したことになります。ですから、GDPは1年間にお金を稼ぐために作り出された「違い」を合計したものだと考えるとわかりやすいと思います。

お風呂の水にたとえると、浴槽《よくそう》にそれまでに貯まっていた水に、1年間でどれだけ新しい水が入ったのかがGDPです。

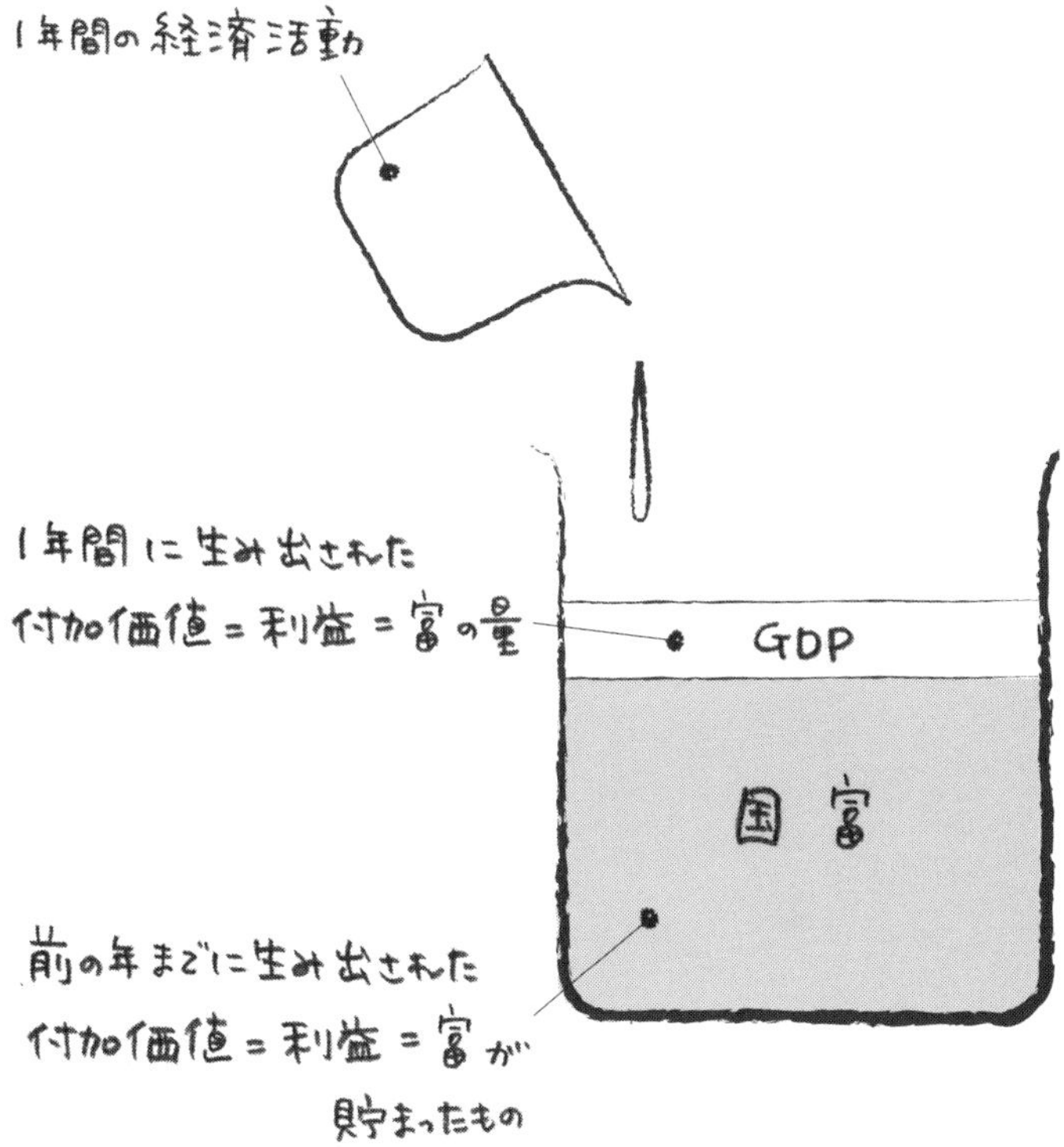
1年間の経済活動
1年間に生み出された
付加価値＝利益＝富の量
GDP
国富
前の年までに生み出された
付加価値＝利益＝富が
貯まったもの

――もともと入ってた水は関係ないの？

はい。もともと貯まっていた水は「国富《こくふ》」といって、前年までに毎年生み出された富（＝ＧＤＰ）が貯まったものです。そこに1年間でどれだけ付加価値を足したのか、増えた量がＧＤＰです。それまでに貯まった量は計算されていますが、あまり重要ではありません。

――どうして？

すでにあるものだからです。もともとあるものをどれだけ測っても、その年の経済活動がどうだったかはわかりません。ですから、測るのは1年間に作り出された富の量なのです。たとえば、なにか機械を作って新しい価値を生み出したら、それはその年のＧＤＰに入りますが、次の年からは「国富」になります。次の年にその機械を使って新しいモノを作り出したらそれは付加価値になって、ＧＤＰに計算されます。道路や水道管などの社会基盤も作ったときは付加価値（＝ＧＤＰ）になりますが、次の年からは、ＧＤＰには計算されません。けれども、その道路を使って物流《ぶつりゅう》がさかんになってモノが売れて利益が出たら、それがＧＤＰになります。

GDP は、ひとつの国の中で 1 年間に違いを見つけて稼がれたお金の合計

――売れた分が計算されるの？

はい。GDPは違いを見つけることによって生み出された富の合計ですから、売買されていないものは計算に入れません。たとえば、あなたが素敵なぬいぐるみを作って親戚の赤ちゃんにプレゼントしたとしても、GDPには計算されません（これは「互酬」の経済活動ですね）。あるいは、洗濯《せんたく》や炊事《すいじ》、掃除《そうじ》のような家事についても計算されません。農家さんが自分で作った野菜も自分で食べる分は計算されませんが、市場で売れた分はGDPに入ります。

――どうやって計算するの？

GDPは、生産額（作ったモノの値段の合計）、支出額（みんなが買った金額の合計）、売上額（売った人が手に入れた金額の合計）が全部等しいという前提で計算されています。たとえば、100万円の価値のある自動車を作ったら、それを100万円で誰かが買います。そうすると、その100万円が売った人の手元に入るので、生産額と支出額、売上額が等しくなります。日本では生産額や支出額、売上額を知るための統計データはいろいろとそろっていますから、それらを組み合わせてGDPを計算しているのです。

売れ残りはどうなるの？

次の年に売れるかもしれないという前提で今年売れたことにして計算に入れます。たとえば、1000円の本を1万部作ると1000万円がGDPとして計算されます。半分の500万円分しか売れなかった場合でもGDPは1万部分の1000万円です。

GDPが増えるってどういうこと？

GDPが増えていくということは、毎年新たに生み出される富の量が増えていくことを意味します。これを「経済成長」といいます。去年、1億円の富が生み出されたとして、今年、1億円より多い富が生み出されたとき、その国の経済は成長したといいます。では、経済成長を実現する（＝GDPを増やす）ためにはどうしたらよいでしょうか。

もっとも簡単な方法は、去年よりも多くモノを作って売ることです。たとえば、去年

売るモノの量を増やすだけでは経済成長は長つづきしない

100万台売った100万円の自動車を、今年は200万台売る。そうすると、GDPは2倍になります。けれども、この方法はかならずしも長くつづきません。今年200万台売れたら、来年はもっと、再来年はさらにもっと自動車を売らないといけないからです。自動車を作るための材料や、自動車を新たに買いたいと思っている人の数には限度がありますから、たんに売るモノを増やすだけでは、経済成長は長つづきしません。

そこで別の方法を考えてみましょう。たとえば、先ほどの100万円の自動車を200万円に値上げすれば、同じ100万台だけ売ったとしても、GDPは前の年と比べて2倍になります。この場合、どうすれば値段を2倍にした自動車をみんなが買ってくれるか、ということが問題になります。

――新しい機能がついてたら欲しくなるかも。

そう、そこが大事なポイントなんです。値段が2倍になっても欲しいと思わせる自動車を作ることに成功すれば、売る台数が変わらなくてもGDPを増やして、経済成長が実現します。たとえば、新しいカーナビゲーションが付いているとか、事故を防いでくれる自動運転機能が付いているとか、よりかっこいいデザインだとか。こういう、これまでとは

「違う」自動車を新たに開発できれば、みんなに欲しいと思ってもらえるのです。

じつは、ここに経済成長の利点があります。

値段が高くても買ってもらうために、売り手は一生懸命「違い」を作り出そうとします。それによって新しい技術が生まれて、みんなの生活がより便利になります。これまでの経済成長は、そうした新しい技術の誕生によって支えられてきたのです。同時に、より豊かになりたいという人々の願望が、経済成長を実現させてきました。経済成長と技術の進歩は、つかず離れずの関係にあるのです。

私たちの生活も、昔と違って今では、水だけでなくお湯も水道の蛇口《じゃぐち》をひねれば出てきますし、薪《まき》を焚《た》かなくてもスイッチひとつで調理ができます。電車や飛行機に乗って遠いところにも簡単に出かけられるようになりましたし、医療《いりょう》技術も発達して、昔は命を落とすような病気の多くが、今では治療《ちりょう》が可能になっています。こうした身のまわりにある便利なものも、経済成長を実現するために、先人が一生懸命、「違い」を作り出そうとしてきた産物なんです。

――昔と比べてすごく便利になったのはわかるけど、これからも経済成長が必要なの？

経済成長は技術の進歩に支えられ、技術の進歩は違いを見つけてお金を稼ごうとする活動から生み出されてきた

日本は世界の中でもとても豊かな国のひとつです。そういう国に住んでいると、もうこれ以上、経済成長をして便利にならなくてもいいのではないかと考える気持ちもわからないわけではありません。経済学者や評論家の中にも、そうした「ゼロ成長」を説く人たちがいます。ですが、「ゼロ成長」にはいくつか問題があります。

ひとつは、今、日本でも大きな問題になりつつある経済格差の問題を解決できないということです。日本、あるいは世界には豊かな人もいれば、貧しい人もいます。貧しい人たちは、もちろん今よりもっと豊かになりたいと思っているでしょう。でも、豊かな人だって、今の生活のあり方を変えて貧しくなろうとは思いません。

そうした状況《じょうきょう》で、経済成長がないとどうなるでしょうか。みんなが毎年同じ経済活動をすることで、社会全体が生み出す富の量は、毎年変わらなくなるわけですから、みんなが手にするお金の量も変わらなくなります。もし、貧しい人が少しだけ豊かになろうとすると、誰かからお金を取ってこないといけません。その「誰か」とはもちろん豊かな人たちのことですが、彼らが簡単に同意するでしょうか？

——でも、すごいお金持ちなら、少しくらい貧しい人にお金を分けてあげてもいい

んじゃない？

「すごいお金持ち」が誰であるかは、置かれた立場によって見方が大きく変わります。日本で自分は貧乏だと思っている人も、世界でもっとも貧しい国々の人たちから見れば「すごいお金持ち」です。1日3食をきちんと取ることができない人がいたら、3食取っている人は、それと比べて「豊かな人」です。じゃあ、あなたは3食取っていて「豊かな人」に入るので、明日から、貧しい人たちのために、2日に1回、ご飯を1日2食にしてくださいい、と言われて、「はい、わかりました」と言えますか？

――それは、ちょっとイヤかも。

そうですよね。すでになんらかの形で人々に行きわたっている富の分け方を変えるというのは、すごくむずかしいのです。たんに貧しくなるのはイヤ、というだけでなく、豊かな人たちは､別に悪いことをして多くの富を持っているのではなく､労働力を売ったり､「違い」をうまく見つけたりして、適切な額のお金を稼いでいるのです。そうした資本主義のしくみ自体を否定してしまうことは、彼らの経済活動へのやる気を失わせてしまいます。

「豊かな人」とは貧しい人に比べて少しでも豊かな人のこと

豊かな人からも不満が出ない形で、貧しい人がより豊かになれる唯一《ゆいいつ》の方法は何か。それは、社会全体の富自体を大きくすることです。増えた富について、適切な方法で貧しい人にも分けることで、豊かな人からお金を取り上げることなく、貧しい人も今より豊かになることができます。社会全体の富の量を大きくすること、それは、経済成長にほかなりません。

――やっぱり経済成長が必要なんだね。

もちろん、なにをしてでも経済成長を、ということではありません。大量に資源を使って、大量生産、大量消費をつづけて社会全体の富を大きくしていくことに限界があることは、先ほど自動車の例でお話ししました。大量生産・大量消費型の経済成長は、地球環境《かんきょう》にも悪い影響《えいきょう》を与えてしまいます。けれども、経済成長は必要です。

「ゼロ成長」のふたつめの問題点は、技術の進歩がとどこおる可能性があることです。経済成長をやめて、毎年新たに生み出される富の量を一定にするということは、毎年毎年、同じ経済活動をすればよいということです。たとえば、パン屋さんは毎日同じ種類のパンを焼いて、売りつづけるだけです。それだとお客さんも飽《あ》きて買わなくなってしまうでしょう。

みんなが新しい違いを見つけてお金を稼ごうとするから、新商品のパンが売り出されたり、新しいサービスが始まったり、新しいスマートフォンが売り出されたりするのです。「ゼロ成長」では、新しい違いを見つけて、富をさらに増やしていく動機が失われますから、そうした技術の進歩が起きません。医療分野での新しい治療法や新しい薬も開発されなくなります。技術の進歩をうながすものとしても、経済成長をめざすことはとても大事なのです。地球環境問題に役に立つ新しい技術の登場も、「ゼロ成長」では期待できないかもしれません。

――経済成長が大事だってわかったけど、今のままではなんか違う気もする。

はい。今の経済は大きな問題を抱《かか》えているのは間違いありません。どんな問題を抱えているのか、次の章で見ていきましょう。

第3章

今の経済のなにが問題なの？

1 どんなことが起きてるの？

——今の経済ってどうなってるの？

今の経済にはいろいろな特徴《とくちょう》がありますが、ひとつは第2章でお話ししたように、さまざまなものが市場化されていることです。資本主義のしくみがすみずみにまで行きわたり、労働力も土地も、お金を借りることも、あらゆるものが市場で取引されています。はじめヨーロッパとアメリカで起こった市場化は、しだいにそれ以外の地域にも広まっていきました。日本も明治維新《めいじいしん》の前後から、この市場化の波に呑《の》みこまれていきました。

今では、程度の差はありますが、中南米でもアジアでもアフリカでも、世界中のほとんどの場所で、資本主義のしくみが行きわたっています。こうした世界の状況《じょうきょう》を「グローバル資本主義」と呼ぶこともあります。

――世界中でみんなが「違い」を見つけてお金を稼《かせ》いでいるっていうこと？

そうです。でも、たんに「違い」を見つけて、このモノには1000円の価値があるはずだと思って売り出しても、ほかの人がそれに1000円の価値があると思わなければ、モノは売れません。そんなとき、あなただったらどうしますか？

――値下げするかな。

そうですね。たとえば、800円に値下げしたら、買ってくれる人が現れるかもしれません。逆に、1000円で買いたいという人がすごく多くて、すぐには十分な量を用意できないときは、ちょっと高い値段、たとえば1200円で買ってくれる人に優先して売りましょう、ということも起こります。

――売りたい人と買いたい人がどれだけいるかによって、値段が上がったり下がったりするんだね。

はい。そして値段が動くことで、売りたい人と買いたい人の数が調整され、需要《じゅよう》と供《きょう》給《きゅう》が一致して取引が成り立ちます。あたかも、値段というものがあらゆる売買の司令塔《しれいとう》のような役割をはたしているようです。じっさい、この冬は野菜があまり収穫《しゅうかく》できないからスーパーで売っている野菜の値段が上がるとか、新しいゲーム機が売り出されて、古いゲーム機がなかなか売れなくなったら、お店が割引セールをするとか、モノの値段は、売りたい人と買いたい人がどれだけいるかに敏感《びんかん》に反応して変化していきます。

おもしろいのは、売買をしている人たちは、自分たちのことしか考えていないということです。売る人は、「違い」を見つけてお金を稼ぎたいと考えているだけ、買う人は、自分にとって価値のあるものをよりお得に手に入れたいと考えているだけです。でも、値段のおかげで、全部うまくいっています。

じつは、このことは、アダム・スミスという18世紀に生きたイギリスの経済学者が言ったことです。アダム・スミスは、自由な競争がある市場で人々が自分の思うまま利己《りこ》的《てき》に行動すれば、あたかも「神様の見えざる手」が働いているようにすべてうまくいく、と述べています。みんなが好き勝手に「違い」を見つけてお金を稼ごうとしても、すべてお見通しの神様のように「値段」が動くことによって、需要と供給が一致《いっち》してモノの売買が進

みんなが利己的に行動すれば、「神様の見えざる手」が働いたかのように、モノの値段が動いて売買がうまくいく

んでいくことをうまく言い表しています。

さらに大事なことは、値段が上下することによって、最終的にある値段で売買が成立しますが、売買することになった値段は、売り手も買い手もお互いに納得した値段だということです。売り手は、ほんとうはもうちょっと高く売りたいけど、みんながこの値段で買いたいと思っているから売ろうと思うし、買い手も、ほんとうはもう少し安く買いたいけど、みんなはこの値段で買いたいと思っているから、この値段で買わないと買えなくなるから買おうと思います。

これを「お金を稼ぐ」という観点から見ると、この値段によって売り手が手に入れた儲《もう》けは、みんなから認められた適切な金額の儲《もう》けということになります。「みんな」というのは、私たちが生きる社会ということです。つまり、値段という神様の見えざる手によって、みんなが納得する形でお金がしかるべき人や場所に届けられることが可能になるのです。資本主義のしくみによって、社会にあるお金がおのずと適切に分配されるといってもよいでしょう。

――みんなが納得する値段だから、「適切」なんだね。資本主義のしくみでないと、お金は適切に分配されないの？

ほかの方法でお金を分配することもできます。たとえば、政府が国民みんながそれぞれどのくらいお金を持つべきだということを決めて、国内で行われる売買の値段をすべて決めるということも、ひとつの方法としてあります。

――すべての売買の値段を政府が決めるの？

はい。でも、ひとつの売買の値段を間違って決めてしまったら、その売買をした人たちが持つべきお金の量がくるってしまいます。売買する人たちがそれぞれ値段を決めるのではなく、政府のように誰かが決めるのはものすごくむずかしいことです。

でもじっさいに、そういったことを試みた時代がありました。1922年に成立したソビエト連邦《れんぽう》という国（今のロシアやその周辺の国々がいっしょになって作っていた国です）では、みんなが自由に違いを見つけてお金を稼ぐという資本主義のしくみではなく、政府がすべての売買の値段を決める社会主義という別のしくみを使って経済を動かそうとしました。ソビエト連邦は値段がきちんと決まるように、モノを作る量もこまかく決めました。小麦は国全体でこれだけとか、テレビや自動車は1年間に何台とか。

でも、そんなやり方はとうていうまくいきませんでした。小麦をこれだけ作ろうと決めても、じっさいには決めたとおりに小麦を作ることができなかったり、小麦がもっと必要だという人が予想外に出てきたりして、いろいろなモノが不足するようになったのです。私が子どもだった1980年代は、ソビエト連邦でモノ不足が深刻化して、スーパーの前にたくさんの人が行列を作っているのに、お店の棚《たな》にはなにもない、という映像をニュースで見たのをよく覚えています。

このようなモノが絶対的に不足している状況では、政府が決めた値段で売買されることはのぞめません。もっとお金を払《はら》ってでも買いたい人がいれば、その人に優先してモノを売ろうとする人が出てきます。それは、まさに資本主義のしくみが動き出す瞬間《しゅんかん》でした。売りたい人と買いたい人の数を調整するように値段がおのずと動くしくみが顔を出したのですから。

――ほんとだね。

当時のソビエト連邦では、政府が決めた値段以外で売ることは禁じられていましたから、そうした売買は法律違反《いはん》です。でも、そういう売買をしないとみんな生きていけませんでした。結局、政府はそれらの動きを抑《おさ》えることができなくなって、ソビエト連邦は1991年になくなってしまいました。

1945年に第二次世界大戦が終わったのち、アメリカや西ヨーロッパの国々、日本は、資本主義のしくみをさらに推し進めて、社会主義を導入していたソビエト連邦、そして中国と激しく対立していました。直接戦争をするわけではないけれど、とても仲が悪い「冷《れい》戦《せん》」という状態で、ふたつの体制がお互いに激しく非難しあっていました。ソビエト連邦が崩壊《ほうかい》し、中国も1980年代ごろから少しずつ資本主義のしくみを取り入れ始めていくと、「違いを見つけてお金を稼ぐ」資本主義のしくみがいちばん良いものだという考えが、世界中で広がっていきました。

――じっさいに社会主義のしくみはうまくいかなかったんだから、そう思うよね。

そうですね。ただ、ソビエト連邦の社会主義ほど極端《きょくたん》ではないけれど、当時のアメリカや西ヨーロッパの国々、日本でも、資本主義のしくみが適用されない経済活動がまだ多く残っていました。国が事業を独占《どくせん》したり、値段を決めたり、ある特定の会社だけに事業をする許可を出したりして、ほかの会社が安い値段でモノやサービスを提供できず、社会にあるお金が適切に分配されないような状況が生まれていました。
たとえば、1980年代まで日本の電話サービスは、「電電公社《でんでんこうしゃ》」(日本電信電話公社)という国の作った会社が独占して提供していました。そこでは、電話は3分10円と決められていて、それ以外の値段で電話サービスを提供することはできませんでした。

――今だったら、いろんな電話の会社があって、通話プランもいろいろあるのに。

そうですね。今はたくさん通話する人や、長く契約《けいやく》してくれる人には安い料金でサービスを提供したり、ほかの会社と競争して、より安くより良いサービスができるように努力をしたり、電話会社もいろいろと工夫をしています。けれども、当時はひとつの会社しかなく、しかも値段も国が決めていたので、そんな工夫はのぞめませんでした。ほんとうは3分間の通話は5円くらいの価値しかないと社会のみんなが思っていても、その倍の10円を払わなければなりません。逆に、3分間の通話には20円の費用がかかるとしても、10円しか払ってもらえません。
電話以外にも、1980年代までは鉄道も「国鉄《こくてつ》」(日本国有鉄道)という国の作った会社があったり、最近までは、郵便サービスも国が担っていました。あるいは、国が作った会社でなくても、電気やガスなどは、少し前までは地域ごとに担当する会社が決まっていて、地域ごとに独占的にサービスを提供していました。それらの分野では、資本主義のようにみんなが納得する値段が実現しないので、社会にあるお金が適切に分配されないような状況に陥《おちい》ってっていました。

一方で、国が事業を独占したり、値段を決めたり、特定の会社だけに事業をする許可を出したりすることは、かならずしも悪いことばかりではありません。今あげたもの（電話、鉄道、郵便、電気、ガス）は、私たちの生活になくてはならないものばかりです。ですから、値段が変わりすぎたり、儲けが出ないからといって事業をやめてしまう会社が出てきたりすると、とても困ってしまいます。それに、これらはほかの会社が新しく事業を始めるのがとてもたいへんなものばかりです。電話は全国各地に電話線を張り巡《めぐ》らさなければならないし、鉄道を敷《し》いたり、郵便を全国に配達するしくみを一から作りあげたりするのはものすごくたいへんなことです。

このように私たちみんなの生活にとって不可欠で、新たに事業を始めるのに莫大《ばくだい》なお金がかかるようなものを、「公共サービス」といいます。公共サービスでは、それぞれの儲けよりも、みんなが同じくらいの値段で同じサービスを利用できることを重視します。

たとえば、郵便はがきは、全国どこに送っても同じ値段ですよね。でも、じっさいには、

公共サービスは「再分配」に相当するしくみで全国画一のサービスを実現していた

近いところや人の多く住んでいる地域に配達するのと、遠いところや人口が少ない地域に配達するのとでは、かかる費用が違います。資本主義のしくみを厳密《げんみつ》に適用すれば、都市の配達料金は安く、地方の料金は高く設定したり、距離《きょり》に応じて料金を変えたりすることで、より多くの儲けを生み出すことができますが、それだと、生活に不可欠な郵便サービスを誰もが同じように受けることができなくなります。

ですから、都市に住んでいる人には多めに、地方に住んでいる人には少なめにお金を出してもらうことで、全国画一《かくいつ》のサービスを実現しているのです。これは、第2章でお話しした「再分配」に相当するしくみです。

――「再分配」って、国とかが強制的にお金を集めて分配するやつだったね。

そうです。でも、その公共サービスも、今では市場化されてきています。電話だと、「電電公社」はＮＴＴ（日本電信電話）という民間の会社になり、ほかにも多くの会社が電話事業に入ってきました。「国鉄」もＪＲ（旅客鉄道株式会社）という民間の会社になって、地域ごとに会社が分かれていきました。また、２０００年代に入ると、郵便局も民間の会社になり、電気やガスについても、いろいろな会社がいろいろな地域で事業をすることができるようになりました。

――どうしてそうなったの？

ソビエト連邦がなくなって、資本主義というしくみがいちばん良いものだという考えが世界中で広がっていった中で、多くの国々が、公共サービスについても市場化する方向に舵《かじ》を切っていったのです。じつは、政府にとって公共サービスをみんなに同じように提供しつづけることは、とてもお金がかかることでした。

公共サービスは生活になくてはならないものですから、できるだけ安い値段で提供しなければなりません。郵便はがきを1枚配達するのに、ほんとうはたとえば200円くらいかかっているのに、62円という決められた値段で配達しないといけません。これでは138円は損、つまり赤字になってしまいます。この赤字を誰が埋《う》め合わせるのかというと、政府です。政府は62円と値段を固定しているかぎり、赤字の分のお金を払いつづけなければなりません。逆に、郵便局からすれば、それだけ配達にお金がかかっても政府がお金を出してくれるから、まあいいや、と赤字を減らす努力をしなくなってしまう。これはとても非効率なことです。

多くの人が、税金を使って非効率な公共サービスをつづけるのはイヤだと思ったから、市場化が進んだ

そこで、政府のお金の負担を減らし、もっと安く効率的に事業ができるように、公共サービスの市場化が計画されていったのです。１９８０年代に、イギリスやアメリカで公共サービスの市場化が続々と進められていきました。当時、公共サービスの市場化を呼びかけたイギリスのサッチャー首相や、アメリカのレーガン大統領などが多くの国民の支持を得たからです。日本でも同じころ、イギリスとアメリカの後を追うように公共サービスの市場化が始まりました。

――その人たちが人気があったのはなぜ？

それは、政府のお金は、もともと国民が納める税金だからです。赤字をたれながして、非効率な事業をつづけている公共サービスにお金をどんどんつぎこむのはもうかんべん、と多くの国民が思ったのでした。

そして、公共サービスだけでなく、あらゆる産業が市場化されていきました。つまり、資本主義のしくみがさらに広まっていったのです。それがどれくらい広まっているか０％から１００％まであると考えると、アメリカやヨーロッパ、日本は１９８０年代以降、いろいろな分野で市場化が進み、１００％にとても近づいてきています。そして今でも、か

ぎりなく100%に近づけようとする市場化の動きが進んでいます。第2章でも、昔はなかった「市場化」の例をお話ししましたが、最近ではさらに、これまではお金で買うことは無縁だったことも市場化されてきました。

たとえば、少し前、お葬式《そうしき》に来てもらうお坊《ぼう》さんを、インターネットで頼めるサービスが始まって話題になりました。そこでは、お坊さんと頼む人が納得した値段でサービスが提供されているのですが、賛成の人もいる一方、お坊さんのお経をインターネットで売ったり買ったりすることに違和感《いわかん》を覚える人も多くいたようです。

これまでお経を読んでもらったときに払っていたのは、「お布施《ふせ》」というものでした。お布施は、もともとは宗教的な行いで、お坊さんへの敬意を表すために渡《わた》すもので、かならずしもお経の「対価」ではありません。ですから、値段のようにはっきり金額が決まっていない、むしろ、決めるのはおかしいと考えられていました。

ところが、そうした面倒《めんどう》なことはいっさい省いて、お布施の金額も「値段」として決めてしまったら効率的じゃないか、という声に押されて、インターネットで値段を決めてお坊さんを呼ぶサービスが始まったのです。

――お坊さんがピザの宅配みたいになったんだね。

そうですね。もともとは檀家《だんか》としてよく知っているお坊さんに頼んでいたのが、だんだんお寺とのつながりもなくなってきて、葬儀屋《そうぎや》さんが手配してくれるだけになってきていたので、このようなサービスが生まれたのでしょう。「互酬《ごしゅう》」や「再分配《さいぶんぱい》」と異なり、人々の関係を売買の関係性だけにしぼるという資本主義のしくみの特徴《とくちょう》がよく表れているともいえます。

別の例も見てみましょう。学校はこれまでも先生にお給料を払ったり、生徒が授業料を払ったりと、お金を使ってはいましたが、市場化からはある程度守られていました。

たとえば、学校の経営からみてひとつの中学校で、10人の先生で500人教えるのが利益を最大化できるとします。でも1学級は30人までという政府の規制があると500人の生徒を17人で教えなければなりません。その分だけ余分に先生を雇《やと》う費用がかかってしまいます。規制があることで、社会のお金の分配がゆがめられているのです。

このように学校自体はまだ完全に市場化されていないものの、小中高生の宿題や読書感想文、大学生の論文やレポートなどを1問何円、1字何円で請け負《うお》うサービスや、大学の入試問題を塾《じゅく》が作るなど、教育分野にも市場化の動きがあります。

私は国立大学で教えていますが、2000年代前半に国立大学の制度が半分くらい民営化されました。それにともなって、国からもらっていたお金がどんどん減ってきています。代わりに大学は、民間の会社と共同で研究をすることでお金をもらったり、授業料を値上げして研究や教育のためのお金を確保したりすることを迫《せま》られたりしています。これはまさに大学の市場化です。そうした中で、すぐにお金を稼ぐことができる研究ばかりが注目されて、そうではない基礎研究がおざなりになるようなことも起こっています。

教育の分野でも市場化が進んでいる

労働力の市場化がさらに進んだのは１９８０年代以降でした。第２章でお話ししたように、労働力は産業革命が起こった最初の段階でもっとも早く市場化された分野ですが、日本では長らく年功序列《ねんこうじょれつ》という、一度就職《しゅうしょく》したらずっとそこで働きつづけ、働いている年数に応じてお給料も上がっていく方式がとられていました。

この方式だと、仕事の効率が落ちた高齢《こうれい》の社員でも、高いお給料を支払って雇いつづけなければならないので、会社にとってはかならずしも効率的なものではありませんでした。また、労働者にとっても、今の仕事が自分の能力や希望と合っていないかも、と思ってもなかなか会社をやめられませんでした。

こうした雇う会社と働く労働者のあいだのミスマッチを解消するために、１９８０年代に「労働者派遣法《ろうどうしゃはけんほう》」が作られました。この法律では、労働者は、３～５年の短い期間の契約である会社に勤め、その後、自分の都合や能力にあわせて仕事を選んだり、変えたりすることが柔軟《じゅうなん》にできるようになりました。会社にとっては、必要な時期に必要なだけ必要な技術を持った労働者を雇うことができるため、適材適所《てきざいてきしょ》で仕事を割りふることができるようになりました。

――就職自体がたいへんそうなのに、何度も転職するのってキビシイかも。

でも、労働者にとってはつねに希望にかなったところ、あるいは自分の能力を全面的に開花できるところで働きつづけることができますし、会社にとっても、能力を発揮してくれる人だけを雇うことができるので、資本主義のしくみからすると、お互いに効率的にお金を稼ぐことができるしくみなんです。

アメリカやヨーロッパ、あるいはイスラーム世界では、こうした働き方がむしろ一般化しています。私は研究調査のために、イスラーム世界の会社に行くことが多いのですが、1年後にふたたびその会社を訪れると、前にいた人はもういなくなっていて、どこに行ったんですか、と聞くと、ほかの会社に転職したとか、自分で会社を作ったとか、働くところをどんどん変えていっているんです。

ただ、日本ではこうした働き方はまだ定着していません。年功序列型の働き方をする人が多く残っていますし、そういう人たちが会社の中心を占めています。そのことで、仕事をどんどん変えていく働き方をしている人たちは、かならずしも会社の中で責任ある立場を任されなかったり、一時的に増える仕事のために雇われることが多かったりと、安定して仕事をつづけることがむずかしい状況にあります。

その結果、年功序列型の働き方をする人と比べて、お給料がそれほどもらえず、いくら働いても生活が良くならない、あるいは、結婚して子どもを育てる余裕もないなど、多くの問題を抱えてしまっています。どんなに働いても貧しさから脱《だつ》することができない人たちを指す「ワーキングプア」という言葉が、少し前から日本でも聞かれるようになりましたが、これは、労働の市場化の弊害《へいがい》を象徴《しょうちょう》する言葉でもあります。

このように、あらゆるものが市場化されていって、資本主義のしくみが世界のすみずみにまで行きわたっていくことは、ほんとうに私たちにとって良いことなのでしょうか。その弊害については、今、少しだけお話ししましたが、そのことも頭に入れながら、資本主義が１００％行きわたっている世界の良いところと悪いところについて、経済全体のしくみから考えてみることにしましょう。

2 資本主義100％ってどんな世界？

──これからも市場《しじょう》化《か》を進めたほうがいいという人たちは、どんな世界をイメージしているの？

市場化を進めてきた人たちは、資本主義のしくみが100％行きわたっている世界を理想的な世界だと考えています。そうした世界では、労働も公共サービスも土地も、あらゆることが「違《ちが》い」を見つけてお金を稼《かせ》ぐ商品になっています。そして、商品が市場に出されると、値段という神様の手が自動的に動いて、売り手も買い手も納得する値段で売買が成立し、誰もがみんなから認められた額のお金を稼ぐことができるようになります。

さらに、資本主義100％の状態では、地球に住むみんながあらゆる面でこのしくみを使っています。ですから、自分が売り出したモノを品定めしてくれるお客さんは世界中にいます。ここが、資本主義のしくみが100%行きわたっていないときと比べたもうひとつの違いです。

たとえば、資本主義のしくみが90%しか行きわたっていないとします。その場合、あなたがなにかを売り出したときに、資本主義のしくみを使っている世界の90%の人の中には、それを買いたいという人がいないかもしれません。そのとき、残りの10%の人の中に買いたいと思う人がいたとしても、その人たちは資本主義のしくみを使っていませんから、売買は成立しません。モノを売りたい人とそれを欲しい人のあいだでの食い違い(ミスマッチ)が生まれてしまうのです。これは、どちらの人にとっても残念な結果です。

資本主義のしくみが100%行きわたっていれば、そんなことは起こりません。あなたが売り出したモノを、地球に住んでいるみんながかならず品定めしてくれます。日本では売れなかったモノを、アフリカの人が買ってくれるかもしれません。もし、誰も買ってくれなければ、それはあなたが売り出したモノにほんとうに価値がないということです。

――地球上のみんながお客さんになるなんて、ちょっとイメージできないな。

あなたがイメージできないのは、今の世界の経済が100%資本主義になっていないからです。今は、まだ「互酬《ごしゅう》」や「再分配《さいぶんぱい》」のしくみが強い力を持っている地域があったり、市場化がうまく進んでいない国もあります。そのほか、公共サービスのように、政府がお金を出して（このお金を補助金といいます）、特定の会社のサービスを本来の値段よりも安く提供したり、自分の国の産業を守るために外国からモノを輸入するときに「関税《かんぜい》」という税金をかけて、モノが本来の値段よりも高くなっていて、誰かが必要以上に余計なお金を払わされている分野もあります。

稲作農業を守るために外国から来るお米に高い関税をかけているのは、資本主義にとっては邪魔なこと

たとえば日本は稲作《いなさく》農業を守るために、外国から来るお米にとても高い関税をかけています。そのことによって、安いお米が日本に入りにくくなって、手間のかかる日本のお米を守ることはできるかもしれませんが、その代わりに、私たちはお米を買うのに高いお金を払わなくてはなりません。

資本主義のしくみを100%行きわたらせようと考えている人たちは、そうした、「違い」を見つけてお金を稼ぐしくみをさまたげるものを全部なくしてしまおうと考えています。さまたげるものがなくなれば、売り手も買い手も納得する値段で売買が成立し、みんなから認められた額のお金を稼ぐことができるようになり、結果として社会にあるお金が適切に分配されるようになると考えているからです。

TPP（環《かん》太平洋戦略的経済連携協定《せんりゃくてきけいざいれんけいきょうてい》）という言葉をニュースで聞いたことがあります

か？　あれは、太平洋に面している国々が、資本主義のしくみだけにのっとってモノの売買をしていきましょうということを決めるもので、資本主義のしくみをさまたげる関税や政府の補助金を完全になくすことが話し合われています。

――100％資本主義の世界になったらどうなるの？

「違い」を見つけることができれば、誰もがみんなから認められた額のお金を稼ぐことができるようになるわけですから、それぞれの人の努力がそのまま豊かさに直結するようになります。

つまり、みんなが欲しがる「違い」をうまく見つけ出すことに成功して、たくさん売ることができた人が豊かになり、逆に、「違い」をうまく見つけ出せなかった人は、なにも売ることができなくて貧しくなるわけです。

――「弱肉強食《じゃくにくきょうしょく》」の世界だね。

そうですね。たしかに、うまく「違い」を見つけて豊かになれればいいですが、失敗し

資本主義が100%行きわたった世界は、ある意味でフェアな世界

たときのことを考えると、怖いかもしれませんね。でも、資本主義のしくみが100%行きわたっている世界は、自分の努力が素直に認められる世界です。資本主義のしくみが100%行きわたっていないときのことを考えてみてください。そのときは、いくらがんばって、「違い」を見つけてお金を稼ごうとしても、たとえば、政府がもっと安くしなさいとか、外国で売るときには関税も払いなさい、とか言ってきて、自分が見つけた「違い」にたいする正当な対価を受け取ることができません。

あるいは、自分よりもあまり努力していない人が、政府のえらい人と仲がいいからという理由だけで、自分よりも多くのお金を受け取っている。これらは、社会にあるお金がうまく分配されずに、ゆがめられている状況です。それと比べたら、自分の努力でなんとかなる世界は、ある意味フェアだと思います。

もちろん、失敗した人がふたたびチャレンジできるしくみは必要で、そうしたしくみがきちんと整っていないことが、今の経済の大きな問題点ですが、そこがうまく解決されれば、資本主義のしくみが100%行きわたるというのもそれほど悪くないかもしれません。

けれども、世界のあらゆる経済が市場化して、ほんとうの「グローバル資本主義」が生まれてしまったら、じつはそれが、資本主義にとっても大きな危機になるんです。

――どういうこと？

グローバル資本主義のもっとも理想的な形は、先ほどお話ししたような、あたかも地球全体がひとつの巨大《きょだい》な市場であるかのように、遠く離《はな》れた人たちとも、さまざまなモノをやりとりすることができるような状態です。それによって、より適切な売り手と買い手のマッチングが起こって、みんなから認められた額のお金を稼ぐことができるようになります。

一方、とても巨大な市場が誕生することの弊害《へいがい》もあります。

全体が見わたせるくらいの規模の市場《いちば》なら、「このくらいの値段だろう」という相場がだいたいわかります。今年は豊作だったからお米の値段は安くなるだろうとか、トマトは手に入りにくいので少し値段が高くなるだろう、ということが実感をもってわかります。地元の市場や近所の八百屋《やおや》さんで買い物する場合、お店の人とも顔見知りで、相場もだいたいわかると思います。

けれども、昔と比べて、モノやサービスの市場《しじょう》は、お互いにつながり合うようになっています。たとえば、小麦の市場は国内だけでなく、世界各国とつながっています。しかも、30～40年くらい前はアメリカやヨーロッパ、日本だけで世界の小麦市場が作られていましたが、中国やインドという人口の多い国々が、市場化を進めてきたことで、より大きな市場になってきています。

さらに、インターネットの発達は、地球規模での巨大市場を形成するモノやサービスの種類を飛躍的《ひやくてき》に増やしました。本やCD、衣服など個人が使うモノでさえ、パソコンのクリックひとつで外国のモノを簡単に買えるようになっています。私も、研究をするためにいろんな本を世界中で買いますが、英語の本などは、イギリスやアメリカの本屋さんに行くよりも、インターネットで買うことが増えてきています。

そのようにひとつにまとまった巨大市場の問題点は、あまりに規模が大きすぎて、なにを相場を知るための手がかりにすればいいかがわからなくなっていることです。そのため、誰がどう言ったとか、あの人はこう思っているから、などのちょっとした情報に値段が左右されたり、あるいはなんらかの事件や自然災害などの影響《えいきょう》があるかもしれないとみんなが予想することで、本来つくべき値段と、じっさいにつく値段に差が出てきてしまったりしています。

——どんなふうに？

たとえば、アメリカでテロが起きると、いきなりあるモノの値段がドーンと上がったり、下がったりします。もちろんテロが起こっていろんな影響が連鎖《れんさ》して、小麦の値段や石油の値段が高くなるということはありうると思いますが、そうなるまでには時間がかかります。けれども、テロが起こったと聞いただけで、もしかすると小麦の値段が下がるかもしれない、上がるかもしれない、というみんなの予想がすぐに値段に反映されてしまうのです。

——それって、違いを見つけて、みんなが納得いく値段で売買するのとはちょっと違うね。

そうですね。市場が大きすぎて、どんな人がモノを売ったり買ったりしているのかが見えにくくなっていることで、ちょっとした情報で値段が動いてしまう。しかも、そうした情報は、市場がつながっているから、どんどん広がっていってしまいます。

そして、市場が大きくなればなるほど、その影響をおよぼす範囲《はんい》も広くなっていくわけです。資本主義のしくみが60％しか行きわたっていないときは、たとえば、なにかの情報や事故が原因で、値段が急に上がってしまっても、その60％の人たちは困るかもしれないけど、残りの40％の人たちは、値段の上昇《じょうしょう》の影響を受けません。影響を受けた60％の人た

市場の規模が大きくなりすぎたことで、ちょっとした情報でモノの値段がドーンと上がったり下がったりするようになった

ちは、影響を受けていない40％の人たちに助けてもらうことも可能です。

けれども、１００％行きわたっているときは、地球上のすべての人が、値段の上昇の影響を受けるので、誰にも助けを求められません。資本主義のしくみの広がりによって、より便利で豊かになることができた反面、そうした万が一のときの歯止《はど》めが利かなくなる状態が生まれるのです。

世界中のあらゆるところで自然災害が起こっていると考えればわかりやすいでしょう。自然災害が起こったときには、それが起きていない地域の人たちが救援《きゅうえん》の手をさしのべて、災害で困っている人たちを助けることができます。でも、世界中のあらゆるところで災害が起きてしまったら、誰もよその地域の人たちを助けることにまで手が回りません。資本主義のしくみが１００％行きわたるということは、そうなる危険性がありうるということなんです。

――それじゃだめじゃん！

そうならないためのひとつの方法は、資本主義のしくみが行きわたらない場所を作っておくことです。悪い影響が出始めたときに、それを食い止める場所を作っておくのです。

資本主義から見たら、そうした場所は邪魔《じゃま》もの以外のなにものでもありません。でも、邪魔ものは意外と役に立つものです。

病気の例で考えてみましょう。私たちはみんな、空気を吸って生活しています。空気の中には、病気を引き起こす細菌やウイルスなどの病原体《びょうげんたい》も飛んでいて、それが体内にも入ってきます。でも、みんながみんな、病気になるわけではないですよね？　それは、「免《めん》疫《えき》」という病原体を跳《は》ね返すしくみが体に備わっているからです。

——予防接種《せっしゅ》で免役力をつけるんだよね。

そうですね。予防接種は弱い病原体を体の中にわざと入れて体をその病原体と戦わせて、次にもっと強い病原体が入ってきたら撃退《げきたい》する力（つまり、免疫）をつけさせます。注射だけでなく、私たちがふだん空気を吸うことで体内に入ってくる病原体も、こうした免疫作りに役立っています。病原体は人体にとって有害なものですが、人体を守るためにも役に立つものなのです。

もし、有害だからといって病原体を空気中から全部除去してしまったらどうでしょうか。空気はとてもきれいになります。でも、そこへ突然病原体が紛《まぎ》れこんできてしまったらど

資本主義が100%行きわたっていない状態

細菌やウィルスは有害だけど、ふだんから存在していれば
免疫を作ることができる

資本主義が100%行きわたっている状態

無菌状態（100%資本主義）は邪魔ものはいないけれど
免疫が作れない

うでしょう。きれいな空気の中では免疫を作ることができませんから、とても弱い病原体であっても負けてしまうかもしれません。

資本主義が１００％行きわたっているというのは、こうした空気中から病原体が全部除去されている状態だと考えてください。邪魔ものがいっさいいない。それだけを見ると、とてもきれいな状態です。でも、免疫が作れないので、なにか悪いことが起こったときに、一気に資本主義というしくみ自体がつぶれてなくなってしまうかもしれないのです。

資本主義のしくみが行きわたらない場所は、一見すると邪魔もののようですが、もしものときに役に立つものです。これが家族とか共同体《きょうどうたい》による「互酬」や、政府による「再分配」のしくみが今でも必要とされる理由です。仕事を失ってしまったときに、生活を一時的に助けてくれるのが家族であったり、政府がくれるお金（これを失業《しつぎょう》保険《ほけん》といいます）や職業訓練であったりするのです。自然災害が起きて、モノを作る手段をすべて失ってしまったときには、共同体のみんなで助け合ったり、政府が税金を使ってふたたび商売を始めることを支援《しえん》してくれたりします。こうした、いわば資本主義のしくみの「外」にあるものの重要性は、これからさらに資本主義が世界で広まっていくときに、ますます高まっていくことでしょう。

なにか悪いことが起きたときのためには
資本主義の「外」にあるものが大切

――邪魔ものが役に立つって、そういうことだったんだね。

はい。資本主義のしくみが１００％行きわたることのもうひとつの問題点は、「違い」をどうやって見つけ出していくかにかかわることです。資本主義は、「違い」を見つけてお金を稼ぐことですが、問題は、違いを見つけ出しつづけるのには、限界があることです。たとえば、誰かが、ある「違い」を見つけてお金を稼いだとしましょう。それを見ていたまわりの人は、「それはいいやり方だ」と、同じような違いを作り出してお金を稼ぎ始めます。そうして、市場には似たようなモノが売り出されるようになります。買い手からすれば、最初は目新しかったけれど、だんだんありふれた感じがしてきて、それほど高い値段で買わなくなってきます。その結果、その「違い」は「違い」でなくなってしまいます。

ラーメン屋さんの例で考えてみましょう。あるラーメン屋さんがとても新しい味のラーメンを売り出したとします。最初は、そのラーメン屋さんでしか食べることができないので、みんな高い値段でもラーメンを食べてくれます。けれども、そのウワサを聞きつけたまわりのラーメン屋さんも、同じような味のラーメンを出すようになったら、最初のラーメン屋さんでなくてもその味を食べることができるので、もう高い値段ではラーメンを食べてくれなくなってしまいます。

ふたたびお金を稼ぐためには、どうしたらいいでしょう？　それは新しい「違い」を見つけることです。

――どうやって？

歴史をふりかえると、私たちは、どうやって新しい「違い」を見つけてお金を稼ぎつづけるか、ずっと試行錯誤《しこうさくご》してきたことがわかります。

古くは遠くから仕入れためずらしいモノを高く売っていました。中世のイタリア商人がアジアで香辛料《こうしんりょう》を安く仕入れて、ヨーロッパで高く売るとか、安土桃山《あづちももやま》時代のポルトガル商人が、日本の大名を相手に南蛮由来《なんばんゆらい》のめずらしい宝物《ほうもつ》を高く売るとか。地理的な距離《きょり》の「違い」を生かしてお金を稼いでいました。

産業革命が始まると、農村から多くの人たちが都市の工場で雇《やと》われたことは第2章でお話ししましたが、そこでは、より安いお給料で働いてくれる人の奪《うば》い合いが起こりました。工場の経営者は、国内の都市と農村、あるいは都市どうしのお給料の「違い」を生かして、より多くのお金を稼ごうとしたのです。同じように、経営者はより安い原材料や工場の土地を見つけることにも腐心《ふしん》しました。

新しい「違い」を見つけても、みんながマネすれば「違い」でなくなるから、ほかの新しい「違い」を見つけなければならない

けれども、こうしたお給料の違いや、原材料や土地の値段の違いをもとにお金を稼ぐのには限界があります。今でも、より安いお給料で働いてくれる人たちを求めて、日本の会社でも工場を国内から中国、そして東南アジアの国々に移すことが行われていますが、文化や言葉の違いもあってとてもたいへんなことです。

そこで新たな「違い」として注目されたのが、新しい「技術」の開発です。これによって、無駄に多くモノを作って売らなくても、より魅力的な技術を取り入れていけば、高い値段でみんなが買ってくれるようになります。これまでの経済成長が、そうした新しい技術によって支えられてきたことは、第2章でもお話ししました。

――新しい車の機能とか、新しい医療技術とかのことだね。

そうです。そのほか私たちの生活のあらゆるところで見られる技術すべてです。けれども、資本主義のしくみが行きわたっていく中で、そうした技術もまわりの人たちがまねたり、よりすぐれた技術が新たに開発されたりして、かならずしもお金を稼ぐことのできる「違い」ではなくなってきます。しかも、新しい技術を生み出すのは、とても時間と労力がかかるものです。これまで売っていたモノで稼ぐことができなくなったからといって、次の日にポンと新しい技術が出てくるわけではありません。

今でも経済成長を長つづきさせるためには、技術の発展が欠かせないのは当然ですが、そこまでお金を稼ぐことを待てない人たちは、別の場所で「違い」を作り出して、お金を稼ぐことに最後の望みをかけるようになりました。それが「金融《きんゆう》」と呼ばれる分野です。この金融の分野で「違い」を生み出すことの影響力が大きくなりすぎたことが、今の経済にゆがみをもたらしているのです。

次の章で、この「金融」について見ていきましょう。

第4章

金融ってなに？

1 お金を貸して見返りがもらえるのはなぜ？

──金融《きんゆう》ってなに？

　金融とは、「融」という言葉が入っていることからわかるように、お金を必要としているところに、お金を融通《ゆうずう》するサービスを指します。お金の貸し借りといえば簡単ですね。金融では、お金を融通した見返りをもらうことで、お金を稼《かせ》ぐことができます。もっとも代表的なものが「利子《りし》」と呼ばれるものです。たとえば、１００円を借りて、1年後にお金を返すときに、見返りとして10円を加えて１１０円返すとすると、10円が利子です。この金額は、１００円の10％に相当するので、利子率は10％ということになります。この10円が貸し手の儲《もう》けになります。

　では、どうしてお金を融通した見返りをもらうことができるのでしょうか。やはり、こここにも「違いを見つけてお金を稼ぐ」というしくみが隠《かく》れているのです。

たとえば、あなたが100円を持っていたとします。Aさんがお金が必要というので、1年後に返してもらう約束でAさんにお金を貸します（知り合いのあいだでのお金の貸し借りはトラブルの元になりますから、じっさいには、慎重《しんちょう》にならなければいけません）。

するとあなたの持っていた100円は、1年間はAさんに渡《わた》ったままになります。もし、あなたがAさんに貸さずに、そのまま100円を手元に置いておいたらどうなるでしょうか。おいしいお菓子を買って、しあわせな思いをするかもしれませんし、お金を使ってなにか商売をして儲《もう》けを出して、100円が110円になっているかもしれません。でも、じっさいには、お金はAさんのところに渡っているので、あなたはなにもすることができません。Aさんにお金を貸したせいで、せっかくの機会を失ってしまっているのです。

このような、もし100円を誰かに貸さなかったら、貸し手がほかに稼ぐ機会を見つけて、そのお金を使って稼げていたであろう金額を、その機会を奪《うば》った借り手に、お金を貸した見返りとして払《はら》ってもらうのが、利子というものです。

ちなみに、こうしたもしなにかをしていたら稼ぐことができたであろう儲けのことを「機会費用《きかいひよう》」と言います。機会費用という考え方は、お金の貸し借りだけでなく、経済のさまざまなところで使われます。たとえば、あなたは昼寝《ひるね》をしますか？

――え？　昼寝？　夏休みとかには、お昼ご飯を食べたらごろごろするときもあるよ。

その昼寝はお金がかからない、つまり、タダだと思いますか？

――それは、ごろごろするだけだからタダでしょ？

いいえ。じつは、昼寝はタダではないんです。もし、昼寝をせずに、お母さんのお手伝いをしていたらどうでしょう。あるいは、その時間にアルバイトをしていたらどうでしょう（アルバイトは高校生になってからですが）。運が良ければおこづかいがもらえるかもしれないし、アルバイトをしてたらお給料がもらえます。もし昼寝をせずに、お手伝いやアルバイトをしていたら、いくらかお金を稼げたかもしれない。その稼げたかもしれない金額――たとえば、５００円とか――が、昼寝の費用、機会費用になるんです。

お金を貸した見返りとして受け取る利子も、お金の機会費用と考えたら、自分がそのお金を使って「違いを見つけて稼ぐ」ことで手に入れたであろう金額の見返りということができます。ですから、利子も、資本主義のしくみと同じように、「違い」がお金を稼ぐこ

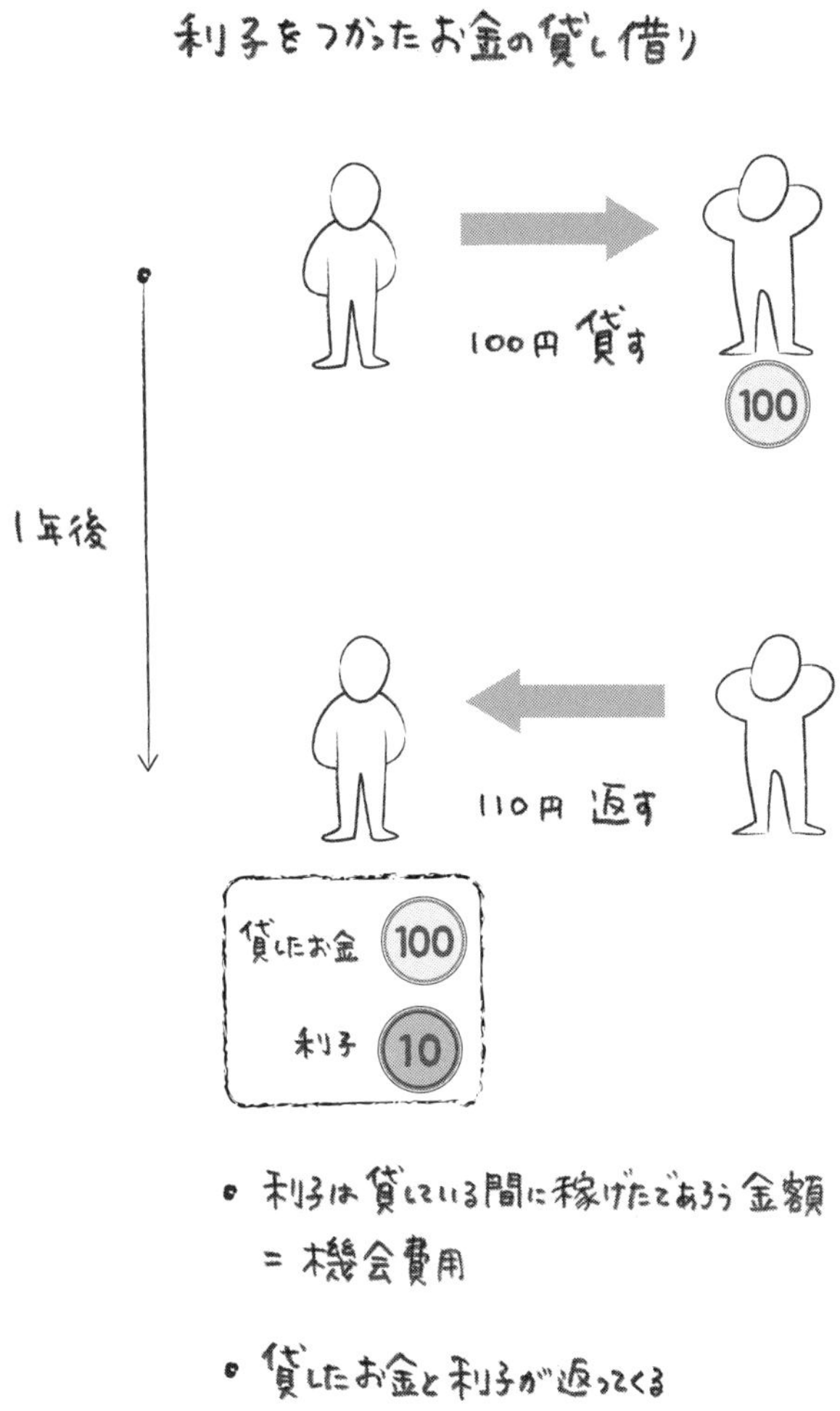
利子をつかったお金の貸し借り
100円 貸す
100
1年後
110円 返す
貸したお金
100
利子
10
・利子は貸している間に稼げたであろう金額
= 機会費用
・貸したお金と利子が返ってくる

との重要なポイントになっているのです。

――なるほどね。でも、稼ごうと思って100円を使っても失敗するときもあるんじゃないの？

そうですね。たとえば、Xという商売をしたら、100円が明日140円になるかもしれません。そのときの儲けは40円です。けれども、Yという商売をしてみたら、100円が80円になるかもしれません。そのときは20円の損です。このような、100円を使って商売をするあらゆる可能性を考えてみて、だいたい平均してこのくらい稼ぐことができるだろうと計算した結果が、お金の機会費用、すなわち、利子になります。

利子を使ったお金の貸し出しを組織的に行っているのが銀行です。銀行はとてもたくさんの人や会社にお金を貸しますから、ありとあらゆる商売の儲けを考えてお金の機会費用を計算して、利子をいくらにするかを決めています。

とても儲かる商売がたくさんあるような場合は、機会費用も高くなりますから、その分だけ利子率も高くなります。逆に、儲からない商売ばかりの場合は、機会費用も安くなりますから、その分だけ利子率も低くなります。

景気が良いとき利子率は高く、よくないときは低くなる

——利子が高かったら、誰も借りてくれないんじゃないの？

利子が高くなるということは、とても儲かる商売がたくさんあるときですから、お金を借りる人も、そのことがわかっているはずです。高い利子を支払っても、それに見合う儲けがあると思うから、借りるわけですね。

世の中の経済活動が活発かそうでないかを指す言葉として、「景気《けいき》」という言葉があります。経済が活発でモノがたくさん売れるとき、つまり、景気が良いときは、お金をどんどん借りてどんどん稼ぎたいと思う人がたくさん出てきますから、利子は高くなります。逆に、経済が活発でなくあまりモノが売れないとき、つまり、景気が悪いときは、お金を借りたいと思う人が少なくなりますから、利子は低くなります。

このように、利子というのは、そのときの経済の良《よ》し悪《あ》しを知るための手がかりにもなるのです。現在（２０１７年４月）、日本の銀行がお金を貸すときの利子率はすごく低くて０・７％くらいです。少しでもプラスということは、少なくとも稼げる場所がまだあるということですが、それほど景気が良い状態にあるわけではないことがわかります。

ところで、銀行は商売をする人や家を買う人にお金を貸していますが、そのお金は、私たちから借りたものだということを知っていますか？

――えっ、そうなの？

はい。あなたはもらったお年玉をどうしていますか？

――使った残りは銀行に貯金《ちょきん》してる。

その銀行に預けたお年玉は、あなたが銀行にお金を貸していることになっているんですよ。銀行がたくさんの人や会社に貸しているお金は、もともとはあなたも含め私たちから借りたお金なんです。そして銀行はその見返りとして、私たちに利子を払っています。預金通帳を見てください。毎年1回、利子（「利息《りそく》」という同じ意味の言葉が使われていることもあります）としていくら支払ったかが書かれているはずです。

それが、あなたが銀行にお金を貸した見返りです。あなたも知らないうちに、お金を貸し借りする金融のしくみに参加していて、その見返りを受け取っているのです。

銀行にお金を預けるということは、
銀行にお金を貸しているということ

ところで、利子を付けてお金を貸し借りするのは、銀行だけではありません。会社が直接、私たちからお金を借りることもあります。お金を借りた証拠《しょうこ》に「債券《さいけん》」というものを発行しています。債券にはいくら借りて、いつまでにいくら利子を付けて返すということが書かれています。1枚あたりの債券の額を低めにすると、より広く多くの人からお金を借りることができます。会社が発行する債券は「社債《しゃさい》」と呼びます。社債以外にも、国が発行する「国債《こくさい》」、都道府県や市町村が発行する「地方債《ちほうさい》」などもあります。

――国や市町村も同じやり方でお金を借りてるんだね。

そうです。これらの利子によってお金の貸し借りをするしくみでは、最初にどれだけの利子を付けて返すかを決めておきます。なので、たとえ借り手がそのお金を使ってとても儲かる商売をしたとしても、貸し手に返済するのは、借りたお金と決められた利子だけです。逆に、借り手が商売に失敗して、借りたお金を全部使い切ってしまったとしても、借りたお金と利子はかならずどこからか工面《くめん》して、貸し手に返さなければなりません。

――はじめに決めておいたんだからね。

はい。利子を使ったお金の貸し借りのほかに、貸し手が受け取る見返りを、借り手の商売の良し悪しに連動させるやり方もあります。借り手の商売がうまくいった場合には、その儲けの一部をお金を貸した人に分けます。商売がうまくいけばいくほど、分け前が多くなることが期待できます。逆に、商売がうまくいかなくて、お金がほとんどなくなってしまった場合には、貸したお金が戻ってこなくなるおそれもあります。

――利子を使ったお金の貸し借りと違って、お金を貸した見返りが多くなったり、少なくなったりするんだね。

はい。ですから、お金を貸す人は、借りる人がどんなふうにそのお金を使うのか、あるいは、商売がうまくいくのかどうかを慎重に見極《みきわ》めて、貸すか貸さないかを決めます。このようなお金の貸し借りのやり方の代表例は「株式《かぶしき》」です。

会社を作ったり、もっと規模を大きくしたりするときに、株式というものを発行してお金を集める会社を「株式会社」といいます。株式会社は、お金を借りるときに、まず、全体でどのくらいのお金が必要かを考えます。たとえば、100万円としましょう。次に

株式会社は株式を買ってもらって、お金を借りている

100万円を集めるために、みんなからいくらずつ貸してもらうかを決めます。たとえば、1000円ずつ貸してもらうとか、1万円ずつ貸してもらうとか。この1000円や1万円などの借りる金額のまとまりが株式です。

そして、目標金額に届くように株式を発行し、みんなに買ってもらいます。目標金額100万円の例だと、1株1000円にしたときは1000株、1株1万円にしたときは100株を発行します。お金を貸したい人は、この株式を好きな数だけ買います。たとえば、1株1000円のときは、10株買うと、1万円を貸すことになります。

――そのお金はいつ返してもらえるの？

借り手の商売がうまくいくかどうかで見返りが決まるお金の貸し方の中には、ある一定の期間が過ぎたあとや、貸し手が必要と思ったときに、貸したお金を返してもらう方法もあります。けれども、現在、もっとも広く使われている株式のやり方では、お金を返してもらうことはできません。

――えっ？　じゃあ、どうして株式を買うの？

儲けが見込めなければ買う人はいませんよね。株式を買うことで儲けるひとつの方法は、決められた期間ごとに会社が支払いをする「配当《はいとう》」を受け取ることです。たとえば、1万円分の株式を買って、毎年1000円の配当をもらえるとすると、その株式を10年以上持ちつづければ、配当で受け取るお金の合計が貸した金額の1万円を上回ることになり、儲けが出ます。

配当をいくらにするかは、その会社の株式を買った人たちが会議を開いて話し合って決めることができます。株式を持っている人（株式の主《あるじ》）が集まる会議なので、その会議を「株主総会《かぶぬしそうかい》」と呼びます。配当をたくさんもらいたいとしても、会社が十分に儲かっていないと、そもそも払えるお金がありませんから、配当の金額は、会社の商売がうまくいっているかどうかによって多くなったり少なくなったりします。会社の商売がうまくいっていなければ、ずっと配当がゼロということもあります。

多くの配当がもらえるように、会社の商売がうまくいってほしいと株主が思うのは当然ですよね。そのために、株主は会社の商売をどのように行っていくか（これを会社の経営といいます）について口を出す権利を持っています。その中には、会社の社長を選ぶ権利も含まれています。株主総会では、そうした会社の経営についても話し合われます。

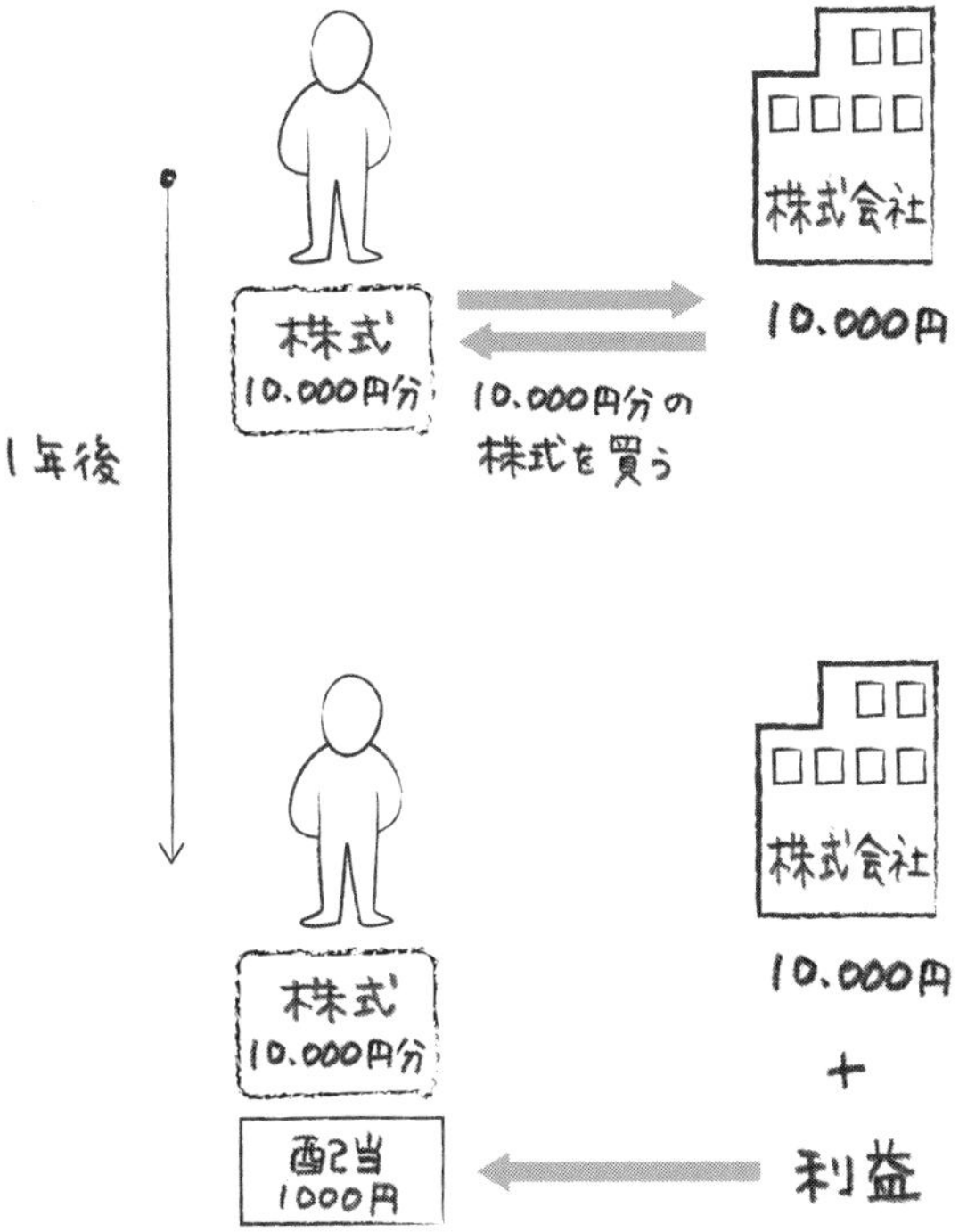

・配当は会社が出した利益の分け前
・貸したお金は返ってこない。もらえるのは配当だけ

――会社の社長って、会社の人たちが決めるのかと思ってた。

もちろん、会社のことはじっさいにそこで働いている社員の人たちがいちばんよく知っています。ですから、この人を次の社長にしたいという案を出すことはできます。しかし、株式会社は、そもそも、株主がお金を出すことで作られているわけですから、誰が社長になるかを最終的に決める権利は、その人たちにあるのです。

株式を買うことで稼ぐことができるもうひとつの方法は、株式を売ることです。たとえば、ある人がある会社の株式を買ったとき、その会社はできたてほやほやで、まだほとんど儲けが出ていなかったとしたら、その株式を買いたいと思う人はそんなにいないかもしれません。でも、何年かたってその会社がすごい商品を開発して、大きな儲けを出したとしたら、その会社の株式を持っている人は、多くの配当をもらうことが期待できます。

そうなると、これまでその会社に見向きもしていなかった人でも、この会社の株式を買って、配当をもらうことで大儲けをしたいと思う人が出てくるでしょう。けれども、この会社の発行した株式はかぎられています。すると、誰かが持っているこの会社の株式を、最初の値段よりも高い値段で買いたい人が現れてきます。一方で、この会社の株式よりも、ほかの会社の株式を買ったほうがより多くの儲けが出るかもしれないと思って、株式を売りたい人も出てくるでしょう。こうして、株式を売買する市場である「株式市場《かぶしきしじょう》」が成立します。

――会社にお金を貸した証拠である「株式」を、商品のように売り買いするんだね。

そうです。すると、売りたい人と買いたい人がいるわけですから、会社の人気によって株式の値段（これを株価《かぶか》といいます）も上下するようになります。

日本で、株式の取引をする株式市場はいくつかありますが、その中で、もっとも大きいのが東京証券取引所《しょうけんとりひきじょ》というところです。国内の大きな会社のほとんどの株式がここで売買されています。その中の一部を取り出して、株式の値段の平均を出したものが「日経平均株価《にっけいへいきんかぶか》」です。ニュースなどで報道されているのは、この株価です。この株価が毎日変わるということは、それだけ売買が行われているということです。

――日経平均株価が上がると、みんな喜んでいるみたいだけど、どうしてなの？

株式を売りたい人、買いたい人がいて株式市場がある

株価は、みんながその株式が欲しいと思うと上がります。なぜ、みんなが株式を欲しいと思うようになるかといえば、その会社がこれから儲かることで多くの配当を得ることができると予想するからです。日経平均株価が上がるのは、日本のいろんな会社の株価が値上がりするからで、日本の多くの会社がより儲かっている、あるいは、これから儲かるかもしれないことを意味しています。

つまり、日経平均株価が上がるということは、景気が良いことを示しているのです。景気が良いと、株式を買っていない人でも、自分の会社ももっと儲かって、もしかしたら自分のお給料が上がるかもしれない、日本が豊かになって自分の生活ももっと良くなるかもしれないと思うので、みんなが喜ぶのです。

――株価って、株式を持ってなくても自分と関係あることだったんだ。

そうです。株式市場とあなたの生活は関係ないようでいて、じつはつながっているのです。

さて、株式を売って儲ける方法です。

ある会社の1株1000円の株式を10株、つまり1万円分買っていたとします。この会

株式を使ったお金の貸し借りでは、借り手の商売がうまくいくかどうかで、見返りが多くなったり少なくなったりする

社の株価が3倍、つまり、1株3000円になって、持っている株式を全部売ると、3万円が手に入ります。もともと、1万円分の株式を買っていたわけですから、この株式の売買で2万円を稼ぐことができます。

ところが逆に、この会社の将来が危うくなって倒産《とうさん》するかもしれないということになったら、株価はどんどん下がります。そのときは、たとえ株式を売ることができても、損をすることになります。たとえば、1株1000円の株式が500円に下がってしまったら、1株あたり500円、10株持っていたら5000円の損になります。

このように、株式を売買する場合も、配当を受け取る場合も、利子によってお金の貸し借りをするときと比べて、借り手の商売がうまくいくかどうかによって、お金を貸した見返りが多くなったり少なくなったりするのが、この方法の特徴《とくちょう》です。あなただったら、決まった利子を見返りとしてかならず支払ってもらうお金の貸し方と、借り手の商売がうまくいくかどうかで見返りが決まるお金の貸し方と、どちらがいいですか?

——金額は少なくても利子が付くほうが確実だけど、借り手がたくさん儲かったらその分たくさんもらえるほうがうれしいし……。

どちらがいいとは決めがたいですね。それは当然だと思います。じっさい、お金を貸す人の中には、損する可能性も大きいけど、うまくいけばすごく儲かる可能性がある方が良いと思う人もいれば、損する可能性をなるべく小さくする代わりに、儲けは少なくてもがまんする人もいます。また、手持ちの1万円のうち、3000円は銀行に預けておいて、5000円は株式を買って、残りの2000円は家の貯金箱《ちょきんばこ》に入れておくという人もいます。

お金を借りるほうの会社も、今必要な100万円のうち、50万円は銀行から借りて、残りの50万円を株式で集めようとする会社もあれば、10万円は銀行から借りて、60万円は社債を発行して、残りの30万円を株式で集めようとする会社もあります。

お金の貸し手も借り手もいろんなやり方で貸し借りをしたいと思うことで、さまざまな方法が編み出されてきました。こうして今では、貸し手からすると、金融でお金を稼ぐ方法がたくさんあるのです。

2 金融危機ってどうして起こるの？

――そもそもお金を使ってお金を稼《かせ》ぐことは、いつから始まったの？

お金の貸し借りは、人類の歴史そのものといってよいほど、大昔から行われていました。紀元前25世紀の古代メソポタミアでは、国王が借金《しゃっきん》の帳消《ちょうけ》しを全土に言いわたす命令を出したという記録が残っています。世界各地で経済活動がさかんになってくると、今の金融のしくみにつながる、さまざまなお金の貸し借りの方法が作り出されてきました。

利子《りし》を取ってお金の貸し借りをする方法も、株式《かぶしき》を発行してお金を集める方法も、そうした歴史の中で作り出されてきたものでした。12〜13世紀の北イタリアのヴェネツィアやジェノヴァでは、もともと両替《りょうがえ》を専門にしていた商人（両替商）が、貿易商人から預かっていたお金を、地元の職人たちに貸し出すようになり、今の銀行のもとになるようなしくみが作り出されました。銀行のことを英語で「bank《バンク》」といいますが、この言葉は、もともとイタリアの両替商たちが両替のために用意していたお金を積み上げておく長い机《つくえ》を指す言葉である「banco《バンコ》」から来たものだと考えられています。

少し時代が進んで17世紀には、世界初の株式会社ともいわれる「オランダ東インド会社」が作られます。この会社は、当時オランダが進出し始めていた東南アジア、とくに今のインドネシアあたりでとれる香辛料《こうしんりょう》の貿易を行うために作られました。

オランダ東インド会社より前にも、みんなから少しずつお金を集めて会社を作って商売をするしくみはありました。けれども、以前のしくみにはふたつの問題点がありました。ひとつは、お金がひとつの商売ごとに集められるため、その商売が終わるといったんお金をみんなに戻さなければならないことです。

たとえば、みんなからお金を集めて、香辛料を遠くから仕入れて売るという商売があったとしましょう。その場合、仕入れた香辛料を全部売ってしまったら、仕入れに使った船も、航海をするために雇《やと》った人たちも、全部清算《せいさん》して（船を売り払って、雇った人たちをクビにして）、儲《もう》けと残ったお金をみんなに戻す必要がありました。

――次の年も同じように貿易しようとしていても？

はい。そのとき集めたお金は、その年の香辛料貿易のためのものですから、次の年の商売のためには使えないのです。次の年も同じ商売をするには、もう一度、お金をみんなから集め直して、もう一度、船を借りたり、人を雇ったりしなければなりません。

――すごく無駄な感じがする。

はい、効率が悪いです。さらにふたつめの問題点として、このしくみでは商売に失敗して損失が出たときには、お金を出した人たちでそれを全部負担しないといけないことです。たとえば、お金を出す人が100人いて、それぞれ1万円ずつお金を出したとしましょう。商売をした結果、1億円の損失《そんしつ》が出てしまったら、それを100人で割った100万円をみんながそれぞれ負担しなければなりません。

――え？　最初に出した1万円がゼロになるだけじゃなくて、その100倍も払わないといけないの？

ロンドンの旧王立証券取引所

そうです。オランダ東インド会社が画期的だったのは、このふたつの問題点を解決したしくみを取り入れたことです。ひとつめの問題点、つまり、ひとつの商売ごとにお金を集めて、商売が終わったらお金を戻さなければならない点については、オランダ東インド会社がこれから行うすべての経済活動をひとつの商売ということにして、何度もお金を戻さないでいいことにしました。

もうひとつの、お金を出した人が損失を全部負担しなければならない点については、出したお金の範囲内《はんいない》だけで損失を負担すればよいことにしました。たとえば、1万円を出した人は、その会社がどれだけ損失を出したとしても、最大1万円までしか損失を負担しなくてもよいといった具合です。

こうしたしくみを取り入れたことによって、会社は目先の商売の儲《もう》けだけを気にすることなく、長い目で経営をすることができるようになりました。一方、お金を出す人からすれば、大きく損をすることを恐れずに、より積極的にお金を出すことができるようになりました。このしくみは、産業革命の時代のイギリスで本格的に使われるようになり、今の株式会社に受け継《つ》がれています。

――いいしくみだから今でも使われてるんだね。

そうですね。こうして作り出されたさまざまなお金の貸し借りの方法は、巨額《きょがく》のお金が必要となるヨーロッパの国々によるアジアやアフリカへの進出や、産業革命による工業化を陰《かげ》から支えました。お金を円滑《えんかつ》に貸し借りできる方法があったからこそ、こうしたことが可能になったともいうことができるでしょう。

このように、お金の貸し借りはそもそもなんらかの商売を円滑に進めるためのものでした。けれども、お金の貸し借りの規模が大きくなっていく中で、お金を使ってお金を稼ぐことをあまりにも優先してしまったがために、経済を混乱に陥《おとしい》れてしまうことも起こるようになってきました。

そのことを象徴《しょうちょう》する最初の事件は、世界初の株式会社を作り出した17世紀のオランダで起きました。それは「チューリップ・バブル」と呼ばれる事件です。チューリップは、16世紀に今のトルコからヨーロッパにはじめてもたらされました。その美しさから、貴族《きぞく》から庶民《しょみん》にいたるまでとても人気のある花になりました。ただ、チューリップの球根《きゅうこん》を育てる技術は発達していなかったため、球根の量よりも、はるかに多くの人が球根を欲しがるという、需要《じゅよう》と供給《きょうきゅう》のアンバランスが生じていました。

その結果、チューリップの球根の値段はどんどん上昇《じょうしょう》していきました。すると、この値段の上昇を利用して大儲けをしようという人たちが、どっと押《お》し寄せてきました。この人たちの行動は、「違いを見つけてお金を稼ぐ」資本主義のしくみで理解できないこともありません。けれども彼らは、多額の借金をして球根を買い占《し》めようとしただけでなく、じっさいに球根を仕入れて売るという面倒なことをせずに、もっと楽をしてお金を稼ごうとしたのです。

——そんなことできるの？　お金を稼ぐには、モノをどこかから仕入れて、それを誰かに売らないといけないんじゃないの？

どうすれば球根を仕入れたり、誰かに売ったりせずにお金を稼ぐことができるのか、そのしくみを説明しましょう。

はじめに、たとえば1万円の借金をして、次の年に売り出されるチューリップの球根を決まった値段で買う約束をします。じっさいの受け取りは球根がとれる翌年になってからですが、それを受け取る権利を前もって確保してしまうのです。

このように、今はその商品を手に入れることはできないけれど、前もってある値段で売買することを決めてしまう取引のことを「先物《さきもの》取引」と呼びます。先物取引は、農産物や鉱山《こうざん》資源《しげん》のように天候や国際情勢によって将来の値段が予想しにくい商品を、あらかじめ安定した値段で確保する方法として、今では世界中で広く行われています。

話をもとに戻しましょう。先物取引の値段はその年のチューリップの球根の値段を参考に決められますから、たとえば、今年の値段が1個80円だったら、来年はちょっと値上がりするかもしれないということで、1個100円で球根を100個買う約束をします（全部で1万円の売買になります）。ところで、彼らは1年後に球根を受け取るまでじっと待っていると思いますか？

――え？　どういう意味？

彼らは球根に興味があるわけではありません。お金を儲けることが目的ですから、球根を受け取っても意味がありません。すぐさま、来年自分が受け取ることになっている球根を買ってくれる人を探し始めます。より正確には、自分が持っている、来年球根を100

個受け取ることのできる権利を買ってくれる人を探すのです。球根は大人気なので、すぐに買い手は見つかります。しかも、来年の球根の値段はもっと高くなっているだろうと考える人が、その権利をより高い値段で買い取ってくれます。たとえば、来年の球根の値段は、1個200円になっているだろうと予想する人は、来年球根を100個受け取ることのできる権利を1万5000円で買っても、十分儲けが出ると考えます。

――来年、球根1個を1個200円で全部売ったら、2万円が手に入るから、5000円の儲けが出るもんね。

そのとおりです。最初に来年球根を100個受け取る権利を持っていた人も、その権利は1万円で手に入れたので、1万5000円で売れたら5000円の儲けが手に入ります。しかも、その儲けは、じっさいに球根を売ってからではなく、今、手に入るのです。

――ほんとだ。球根を仕入れたり、売ったりしなくても、今、5000円が手に入る！

球根の人気がさらに高まれば、来年の球根の値段はもっと高くなるかもしれないとみん

次の年の球根の値段の予想が上がりつづけるかぎり、球根を受け取る権利の売買だけでみんなが儲かる

ながが予想して、来年球根を100個受け取ることのできる権利をもっと高い値段で買い取ろうとする人がどんどん出てきます。そして、来年の球根の値段の予想が上がっていくかぎりは、権利の売買をつづけるだけで、みんなが儲けを手にすることができるのです。

――じっさいのモノを売買しなくても、お金が増えるなんてすごいね。

でも、よく注意してください。これらの売買は、あくまでもみんなの予想にもとづいているものです。じっさいに球根を受け取る日が近づいてきたらどうなるでしょうか。みんな球根そのものはいりませんから、ほんとうに予想した値段で球根を買ってくれる人がいるのか不安になってきます。そうした不安が広がってくると、今度は値段の予想もどんどん下がっていきます。値段の予想が下がることで、球根を100個受け取ることのできる権利も人気がなくなってきて、安い値段でしか買われなくなってしまいます。

先ほどの例で、来年の球根が1個200円になるという予想にもとづいて1万5000円でその権利を買った人がいました。もし、みんなの球根の値段の予想が1個100円に暴落したらどうでしょうか。1万円より安い値段でないとその権利を買う人はいなくなります。1万円でその権利を買って、1個100円で100個球根を売っても儲けが出ませ

んから。しかも、たとえ権利を買ってくれる人が現れたとしても、もともと権利を持っていた人は1万5000円で買っていたので5000円以上の損が出てしまいます。

——損が出るなら、権利は売らないで持っていたらいいんじゃないの？

でも、来年の球根の値段の予想はどんどん下がりつづけているんです。今は、1個100円という予想かもしれませんが、明日にはその予想が70円になるかもしれません。そうなったら、自分が持っている来年球根を100個受け取ることのできる権利は、7000円よりも低い値段でしか買ってもらえません。そうなったら、8000円以上の損（1万5000円で権利を買って、7000円未満でしか売れないので）になります。

みんな損をするのはイヤだけれど、同じ損をするなら少しでも損を少なくしたいので、球根の値段の予想がもっと下がらないうちに、球根を100個受け取る権利をさっさと誰かに売ってしまおう、最後にその権利を持っていたくないと考えます。

——トランプのばば抜きみたい。

実体も根拠もないものを利用して儲けようと人が殺到しお金の規模がふくれ上がるのがバブル経済

まさにそうです。あんなに欲しがっていた球根を受け取る権利を、われ先に手放そうとすることになります。そして、みんなが権利を売ろうとする姿を見て、球根にたいする人気と値段の予想がさらに下がっていくのです。

当時のオランダでは、球根の先物取引で大儲けをしようとして、多くの人が多額の借金をしていましたから、球根の値段が暴落《ぼうらく》したことによって、借りたお金を返せなくなった人たちが大勢出る事態になりました。彼らはあちこちで路頭《ろとう》に迷い、経済は大混乱に陥《おちい》ってしまいました。

このような、「来年の球根の値段についてのみんなの予想」という、実体も根拠もないものをたくみに利用してひと儲けしようとみんなが殺到《さっとう》し、お金の規模がふくれ上がっていくことを「バブル経済」といいます。17世紀のオランダの例では、チューリップの球根が使われたので、「チューリップ・バブル」と呼ばれました。

――「バブル経済」って聞いたことある。

バブルというのは、日本語では泡《あわ》を意味しますね。お風呂《ふろ》に入っているときによくわかりますが、石けんの泡は大きく見えるけれど、空気を含んでいるから大きくなっているだけで、中はなにもありません。それと同じでバブル経済も、みんなが儲かってお金の量がどんどん増えていくけれど、じっさいの経済が活性化したからお金の量が増えたわけではなく、とてもあやしいお金の増え方をしているのです。

石けんの泡がポンとはじけるとなにもなくなってしまうように、バブル経済も、みんながこのお金の増え方はおかしいと思った時点で、モノの値段が一気に暴落し、借金してまでひと儲けしようと思っていた人たちが大損失を出してしまうのです。オランダの事件は17世紀のことですが、昔話だと笑ってはいられません。それ以降も似たような事件は世界の各地で起こりました。

日本でも１９８０年代後半から、当時、上がり始めていた土地の値段（地価《ちか》といいます）を利用してひと儲けしようとした人たちによってバブル経済が発生しました。その人たちは多額の借金をして土地を買いあさり、その土地をほかの人に高く売ることでお金を儲けました。また、借金を返せなくなったら自分の持っている土地を売ればいいと考えた人たちが、自分の持っている土地の地価が1年後にはもっと高くなっていると予想して、予想額ぎりぎりまで借金をして、成功の見込みの少ない商売や無駄なぜいたくに走りました。

バブル経済の問題点は、その最中《さなか》には、それがバブル経済だと気づかないことです。新しい商売を始めた人や高級な商品をたくさん買っている人を見たら、多くの人は、「ああ、景気が良くなって、みんな儲かってしあわせなんだなあ」と思ってしまうのです。
また、チューリップ・バブルのときとは違って、このときは個人だけでなく、会社、それも日本の有名な大会社がこぞってバブル経済に乗り出していました。会社が儲けを出しているあいだは、会社の株価もどんどん上がり、働いている人たちもたくさんお給料をもらえました。その結果、みんながお金持ちになったため、誰もなんの疑問も感じなかったのです。当時は、高級ブランド品が飛ぶように売れたり、豪華《ごうか》なスキー場や遊園地でみんなが余暇《よか》を楽しんだりする光景が日本各地で見られました。

――でも、増えたお給料は、実体も根拠もないものをたくみに利用して稼いだお金から来ていたんだね。

まさにそのとおりです。1990年代に入ると、こんなにどんどんお金が増えているのは、なにかおかしいと感じる人たちが出てきます。そういう考えが広まっていく中で、地価が下がり始めます。増えたお金のほとんどは、地価が上がることを前提とした商売にもとづいていましたから、地価が下がればそれ以上、お金を稼ぐことはできなくなりました。
そして、チューリップ・バブルのときと同じように、多額の借金をしていた人は借りたお金を返せなくなってしまいました。

このときのバブル経済には、個人だけでなく、大会社もこぞって乗り出していましたから、バブルがはじけたことによって、借金を返せなくなった会社がどんどん倒産《とうさん》していきました。さらに、お金を貸していた銀行は、貸したお金が返ってこなくなったため、大損失をこうむることになりました。


――会社が倒産したら、働いている人たちの仕事がなくなるでしょ？　それは困るよね。


当時は、絶対つぶれないだろうといわれていた会社や銀行もどんどん倒産して、多くの人が職を失いました。お金を使ってお金を稼ぐことをあまりにも優先してしまったがために、経済が混乱に陥ってしまう状況《じょうきょう》が生まれていたのです。

このバブル経済が崩壊《ほうかい》する前までは、日本は第二次世界大戦のあと、順調に経済成長をつづけていました。今日よりも明日、明日よりも1年後はもっと豊かな生活が待っていると、誰もが確信していた時代でした。でも、バブル経済の崩壊によって、未来はかならずしも明るくないということが厳然《げんぜん》たる事実として、私たちにつきつけられたのでした。

私は当時、あなたと同じくらいの中学生でしたが、この出来事をさかいに、暗いニュー

多くの会社を巻きこんだバブルが崩壊して、日本の経済は20年以上も不景気がつづいて、まだ十分には回復しきれていない

スばかりがテレビで流れるようになって、日本の将来はほんとうに大丈夫なんだろうかと、子どもながらに不安になったことを今でも覚えています。

バブル経済の崩壊による影響《えいきょう》は、その後、20年以上にわたって日本を苦しめつづけました。「失われた20年」という言葉があるくらいです。経済は不景気になり、会社の儲けは少なくなり、働いている人たちのお給料は下がりつづけました。また、大学や高校を卒業した人たちが就職しようとしても、なかなか仕事が見つからない、「就職氷河期《しゅうしょくひょうがき》」と呼ばれる時代がつづきました。バブル崩壊から30年近くたった今は、少しは景気が上向きになっていますが、日本経済は完全に立ち直ったとはいえない状態です。

それでも、今お話しした日本のバブル経済は、その影響のほとんどが国内におさまっていました。けれども、お金の貸し借りの規模が大きくなり、グローバル化によって世界のお金の流れが密接に結びつくようになってきたことで、バブル経済はより頻繁《ひんぱん》に起こるようになり、また、それがもたらす負の影響は地球規模になってきています。下手をすると、地球上のどこかでバブル経済が崩壊した結果、その影響がどんどん広がって、たくさんの国や地域を危機的な状況に陥らせてしまうことも起きるようになりました。そうした状況を「金融危機」と呼んでいます。

2000年代の半ばにアメリカで発生した金融危機は、「世界金融危機」と呼ばれるほど、その影響が世界の経済全体に広まっていきました。この金融危機が起きた基本的なしくみは、オランダのチューリップ・バブルや日本のバブル経済と同じです。でも、この金融危機は、お金でお金を稼ぐことを極限まで追求したことによってもたらされたものでした。この危機からどんな教訓を学ぶことができるかを考えるために、くわしく説明しましょう。

第二次世界大戦後、世界経済の中心地となったアメリカでは、より効率的にお金の貸し借りを行う方法が次々と作り出されてきました。中でも、家を建てるときにお金を借りる住宅ローンでは、さまざまな新しい方法が考え出されてきました。背景には、自分の家を持つことがアメリカン・ドリームと呼ばれる経済的成功への第一歩だという、アメリカで根強く残っている考え方があります。そのため、アメリカでは貧富にかかわらず、家を建てたいと思う人たちがたくさんいて、住宅ローンへの高い需要がありました。

けれども、家を建てるには多額のお金が必要になります。お金を借りてから、何十年もかけてそれを返していかなければなりません。お金を貸すのは主に銀行ですが、何十年にもわたるお金の返済がきちんと行われつづけるかを監視する役目を、銀行だけが担うのはとてもたいへんなことでした。

――何十年もあったら、そのあいだに病気で会社をやめることになったり、突然お金を返せなくなったりする可能性もあるよね。

そこでアメリカでは、家を建てるために貸したお金を返してもらう権利（これを「債《さい》権《けん》」といいます）を小分けにして、売り出すことにしました。たとえば、ある銀行では、Aさん、Bさん、Cさんの３人が家を建てるために、２０００万円ずつ借りているとしましょう。銀行は合計で６０００万円貸している、つまり、６０００万円の債権があることになります。この６０００万円の債権を、たとえば、６０００で割ると、１口《ひとくち》あたり１万円の債権ができあがります。そして、この１口１万円の債権を、みんなに売り出すのです。

――その債権が１口ずつ全部売れたとしたら、Aさん、Bさん、Cさんは、６０００人から１万円ずつお金を借りていることになるの？

そのとおりです。お金を出してくれた人には、その証明として、「証券《しょうけん》」という紙きれが渡されます。1万円であれば、お金を出してもいいかなと思う人も出てきます。こうやって、貸したお金を返してもらう権利を小分けにして、証券の形で売り出す方法のことを「証券化《しょうけんか》」と呼びます。この証券化によって、銀行は住宅ローンのためのお金をいろんな人から少しずつ集めることができるようになりました。さらに、お金の返済を監視する役目を銀行だけでなく、証券を買った無数の人もいっしょに担うことで、銀行の負担をみんなで分かち合うことを可能にしました。

証券を買った人のメリットはなんでしょうか？　まず、お金を借りている人が毎年支払う利子の一部をもらうことができます。また、渡された証券は、いつでもほかの誰かに売ることができます。Aさん、Bさん、Cさんがお金を返してくれないかもしれないと思ったら、ほかの人にこの証券を売ってしまうことで、自分が損する可能性をゼロにすることができます。

——証券化って便利だね。

この方法は1970年代にはじめて使われましたが、アメリカだけでなく世界各地にまたたく間に広まっていきました。今では、住宅ローン以外でも、自動車を買うためとか、

貸したお金を返してもらう権利を集めて、小分けにして
「証券」として売り出すのが「証券化」

会社が新しい商売を始めるためとか、幅《はば》広い目的のお金の貸し借りで証券化の方法が使われるようになっています。

ところで、アメリカは多様な人種や民族的背景を持つ人たちがくらす国ですが、貧富の差がおどろくほど大きいことは、日本ではあまり知られていません。経済的に貧しい人たちが、みずからのアメリカン・ドリームを実現するために自分の家を建てたいと思って銀行に行っても、銀行はなかなかお金を貸してくれませんでした。この人たちが、ほんとうに多額の借金を返済してくれるのかわからなかったからです。

ニューヨーク証券取引所

ところが、21世紀に入ってから、アメリカの銀行が貧しい人たちに積極的にお金を貸してくれるようになりました。

——どうして？　その人たちが豊かになったの？

いいえ。じつはここに、世界金融危機の根源がありました。

当時のアメリカはとても景気が良く、多くの人がより快適な家に住みたいと思っていました。そのため一戸建ての住宅の人気は高まり、住宅の値段は毎年上がりつづけていました。一方、豊かな人たちは自分の持っているお金をさらに増やすために、お金を使ってお金を稼ぐことに没頭《ぼっとう》していました。株式の売買だけでなく、住宅ローンから作られた証券にも人気が集まっていました。

この人気を使ってひと儲けしようと考えた銀行は、家を建てたいと考えている人たちに、積極的に住宅ローンを使うように呼びかけました。はじめのうちは、きちんと返すことのできそうな人に絞《しぼ》ってお金を貸していましたが、どこの銀行も競ってお金を貸そうとするため、そうした人たちへの貸し出しにはかぎりがありました。そこで、本来ならお金を貸す対象にはなっていない貧しい人たちにも住宅ローンの対象を広げていきました。

なぜ銀行は、お金を返してもらえるかわからない貧しい人たちにも住宅ローンをすすめるようになったのでしょうか？　銀行が目をつけたのは、住宅の値段の上昇です。住宅の値段は上がりつづけていました。まだまだ上がりつづけるだろうと考えた銀行は、貧しい人たちに、返せるお金があるかどうかは関係ないから、家を建てるためのお金を貸してあげると言いました。

――お金が返ってこなかったら、困るのは銀行じゃないの？

銀行はつづけてこう言いました。もし、お金を返せなくなったら、建てた家を売って、そこで手にしたお金で返したらいいですよ、と。

——でも、それじゃ住むところがなくなっちゃうよ。

思い出してください。住宅の値段はどんどん上がりつづけているんです。たとえば、今年、1000万円を銀行から借りて、1000万円の家を建てたとしましょう。もし、1年後にその家が1500万円で売れることになったら、5%の利子（50万円）を付けて銀行にお金を返しても、450万円が手元に残ります。銀行はちゃんとお金を返してもらえるし、お金を借りた人も、450万円が手に入る、どちらにとっても得ですよね。家は売ってしまいましたが、銀行から新たに借金をして、新しい家を建てるなり借りるなりすればいいのです。

——すごい、誰も損しないでお金を稼げてる！　しかも、家を建てるという夢も実現できてる！

このカラクリは、住宅価格が上がりつづけるかぎり使えます。先ほどの例で、1000万円借りて、1年後に家を売って手元に450万円が入ってきた人は、次は、気持ちが大きくなって2000万円を借りてもっと大きな家を建てるかもしれません。その家が、さらに1年後に、3000万円に値上がりしていたら、5%の利子（100万円）を付けて銀行にお金を返しても、900万円が手元に入ってきます。

一方、銀行は、お金を借りた人たちが利子も含めてきちんとお金を返してくれるので、この住宅ローンから作った証券を買った人たちにも、その利子の一部をとどこおることなく支払うことができました。証券を買った人からすれば、それを持っているだけで確実にお金儲けができるため、この証券にたいする人気はさらに高まっていきました。

――ここまでは、全部うまくいってるね。

悲劇の始まりはここからです。こうした住宅ローンがさかんに使われるようになって、アメリカ国内で家がどんどん建てられていきます。しかし、家を買う人、じっさいに家に住む人の数にはかぎりがあります。家がそれ以上に建てられ、供給過剰《きょうきゅうかじょう》になるにつれて、上昇をつづけていた住宅の値段は、2006年ごろから下落を始めます。この誰も損をし

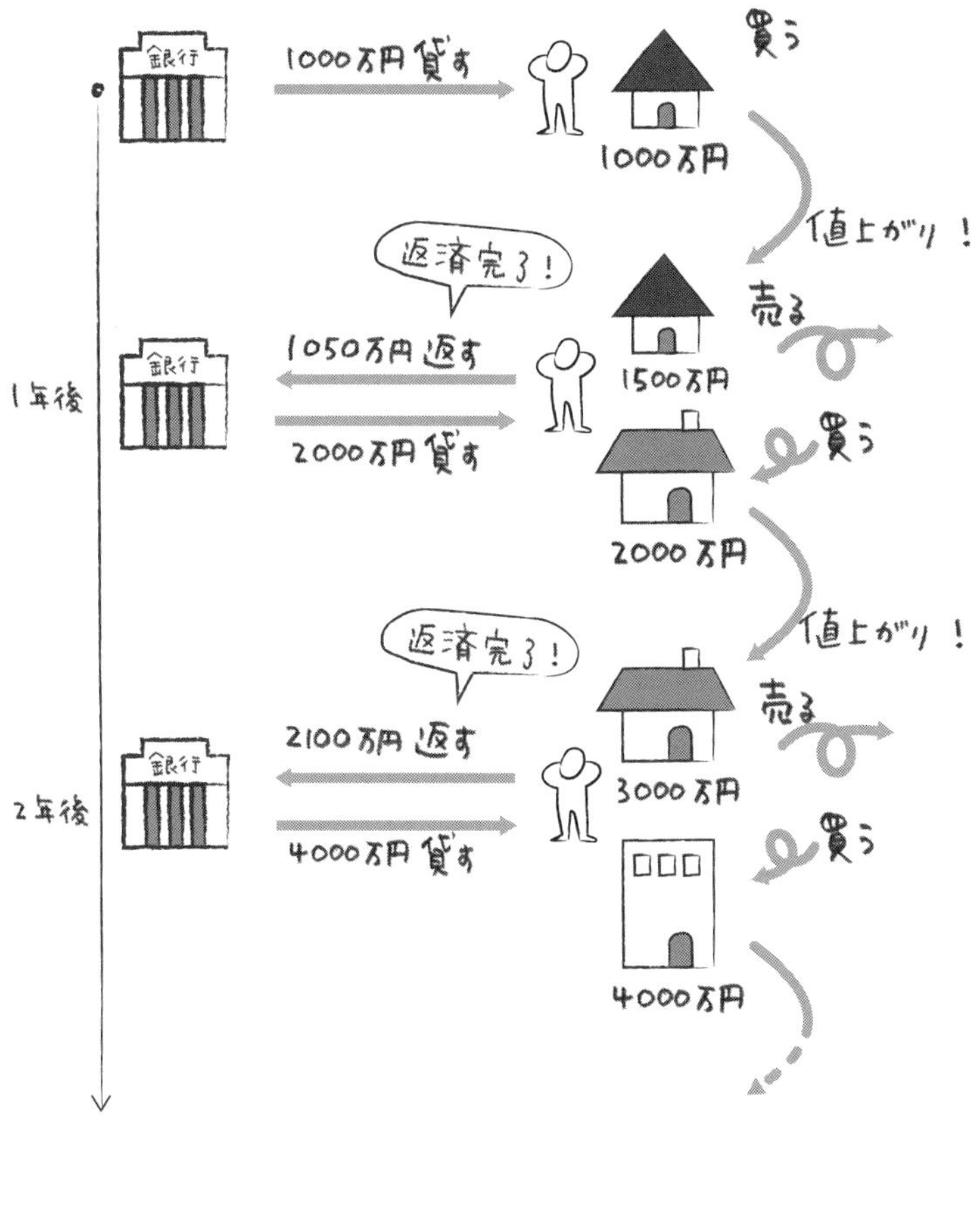
銀行
1000万円 貸す
買う
1000万円
値上がり！
返済完了！
売る
1年後
銀行
1050万円 返す
1500万円
2000万円 貸す
買う
2000万円
値上がり！
返済完了！
売る
2年後
銀行
2100万円 返す
3000万円
4000万円 貸す
買う
4000万円

ないでお金を稼げるカラクリでは、建てた家をより高い値段で売ることができるから、借りたお金も返せたわけなので、住宅の値段が下がり始めたら機能しなくなるのは明らかでした。

先ほどの例で、2000万円を借りて家を建てた人のことを考えてみましょう。もし、次の年に住宅の値段が1500万円に下がってしまったら、家を売ったとしても手元には1500万円しか入ってきませんから、借りた2000万円と5%の利子を返すことができません。彼らの多くが、もともとお金をほとんど持っていない貧しい人たちだったこともあり、住宅の値段の下落とともに、お金を返せなくなった人が続出しました。

銀行の言うとおりにして、多額の借金を抱《かか》えることになった人たちもたいへんですが、貸したお金が戻ってくるあてをなくした銀行も困り果てます。それまで稼いできた儲けを全部つぎこんでも足りないくらいの損をこうむることになった銀行が、相次いで倒産していきました。

——銀行も倒産したんだ。

いくつかの銀行が倒産しました。

ニューヨークにリーマン・ブラザーズという銀行があります。この銀行は、1850年に作られたアメリカ屈指《くっし》の名門銀行でした。この名門銀行も、今お話しした住宅ローンを多数抱えて膨大《ぼうだい》な損失を出したことで、2008年にあっけなく倒産してしまいました。その衝撃《しょうげき》はとても大きく、「リーマン・ショック」という言葉が、この一連の出来事を指す言葉として使われました。

さて、ここまではアメリカ国内だけの話でした。リーマン・ショックの影響が世界全体へと広がって、「世界金融危機」と呼ばれるようになった理由を説明するためには、つづきをお話ししなければなりません。

アメリカの多くの銀行が損失を出して、そのいくつかが倒産したという話をしましたが、家を建てるために貸したお金が戻ってこなくなって困ったのは、アメリカの銀行だけではありませんでした。これらの住宅ローンから作られた証券がアメリカ国内だけでなく、全世界に売り出されていたからです。アメリカは世界の経済の中心地ですから、世界各地の銀行やお金持ちたちが、アメリカの会社の株式や社債《しゃさい》を買ってひと儲けしようと、お金をアメリカに持ってきます。住宅ローンから作られた証券も、そうした世界各地の銀行やお金持ちたちが買っていたのです。

――証券を買った人たちは、お金をほとんど持っていない人たちにお金を貸しているとか、住宅の値段が下がったらお金が返ってこないかもしれないことを知ってて買ってたの？

多くの人たちは、そこまでくわしく知りませんでした。なぜなら、世界に売り出されていた証券は何度も加工がほどこされていて、もともとどんな人がどんな条件でお金を借りていたのかがわからなくなっていたのです。

たとえば、アメリカの各地に別々に住んでいる１００人の人がそれぞれ別々の住宅ローンでお金を借りていたとしましょう。住宅ローンの証券化は、この１００人からお金を返してもらう権利（＝債権《さいけん》）をいったんひとつにまとめて、それを小分けの証券にして売り出すことでした。

１００人の中には、十分にお金を返すだけの経済的余裕《よゆう》がある人たちもいるし、貧しくてお金を返せる可能性が低い人たちもいます。あるいは、お金を貸したときには、ちゃんと返済してくれそうだったのに、利子の支払いが突然とどこおったり、いざ返済のときが来たら、お金が返せなくなったりする人もいるでしょう。

もし、売り出す証券がすべて同じものであれば、そういった利子の支払いや返済のバラツキの影響は、証券を買ってくれた人全員におよんで、みんながひとしく儲けが少なくなったり、損をしたりすることになります。けれども、そんな証券では、他の人よりお金をたくさん稼ぎたいと思っている人は見向きもしてくれません。そこで、銀行は証券を売り出すときにひと工夫をします。売り出す証券に優先順位をつけるのです。

――優先順位？ なんの？

たとえば、決められた期限までにお金を返してくれた人が、100人中60人いたとしましょう。そのとき、銀行はその60人分の返してくれたお金と利子をひとつにまとめて、証券を買ってくれた人の一部、たとえば500人いたら250人に優先して、利子を払ったり、買ってくれた証券の値段のお金を戻したりするようにします。その後、さらに20人がお金を返してくれたら、今度は、証券を買ってくれた人の中の次の100人にお金を払います。このように、銀行はお金を払う順位が書かれた証券を売り出すことにしたのです。これが、「加工」です。

アメリカで住宅ローンから作られた証券は世界中のお金持ちや銀行も買っていた

――もし、100人全員がきちんとお金を返さなかったら、いちばん優先順位の低い

証券を持っている人は、なにももらえない可能性もあるってこと？

そういうことになります。そんな証券は誰も買ってくれませんから、たとえば、支払う利子をちょっと多めにしたり（優先順位の高い証券は確実にお金が稼げる分だけ、支払う利子を少なくします）、ほかのもっと儲かる証券と抱《だ》き合わせで売ったりして、その証券を買ってもらえるように銀行はさらに工夫をするわけです。こうして、さまざまな特徴《とくちょう》のある証券が売られる中で、買う人は、どれだけ儲けたいかや、お金がどれだけ戻ってきそうかなどを考えてどの証券を買うのか決めるのです。

アメリカの銀行は、証券にたいしてこうした加工を何度もくり返していきました。その結果、最終的な証券の買い手のところにやってくると、もはやその証券が、もともとどんな人の借金から作られているのか、まったくわからなくなっていました。

――誰の借金かもわからないのに、どうして証券を買うの？

住宅の値段が上がりつづけているときは、貧しい人もお金を返すことができたので、優先順位の低い証券を買っても十分な儲けが出ていました。それを確認したアメリカの有名

証券の加工がくり返された結果、もともとどんな人の借金から作られた証券か、わからなくなっていた

な大銀行が世界に向かって、「この証券はまったく問題ないし、高い儲けが期待できます」とお墨付《すみつ》きを与《あた》えたことで、それを信用した世界中の銀行やお金持ちたちが、競って住宅ローンから作られた証券を買うようになったのです。

けれども、結果として、住宅ローンの多くでお金が返済されなくなり、そこから作られた証券を買っていた世界中の銀行やお金持ちたちが大損をしてしまったのです。日本やヨーロッパの銀行の中にも、巨額の損失を出して倒産しそうなところが出てきたり、その影響で世界各地で景気が悪くなって、各国の政府がその対応に追われたりしました。このように証券化によって、住宅ローンのお金の貸し手が全世界に広がっていったことによって、アメリカ国内で起きたことの影響が世界全体に広がっていく「世界金融危機」になってしまったのです。

――証券化って便利だと思ったけど、危機を世界に広げる原因にもなったんだね。

そうです。前の章の最後で、金融でお金を稼ぐということは、「違い」を作り出してお金を稼ぎたいと思っている人たちにとって、最後の望みであることをお話ししました。その人たちは、利子を付けてお金を貸したり、株式を買って、それを売買したり配当《はいとう》をもらったりするという金融で稼ぐ基本的な方法には満足せずに、もっと儲かる新しい方法を求めていきました。

そこで目を付けたのが、お金の貸し借りとはあまり縁《えん》がなかった人たちや、本来、金融とは無関係なものでした。これまでお話ししてきた例ですと、前者は、お金をほとんど持っていない貧しい人たちへの住宅ローン、後者は、チューリップの先物取引《さきものとりひき》が当てはまります。オランダのチューリップ・バブルは17世紀の話ですが、そこで使われていた先物取引の方法は、現在、石油や農産物、はたまた将来の天気までが対象になるほど、その利用がどんどん拡大しています。

――お天気まで⁉

はい。このように経済活動のありとあらゆるものがお金の貸し借りと結びつけられ、そこから得られる儲けがどんどん大きくなっていくような状況を「経済の金融化」といいます。経済の金融化は、資本主義が100％に近づいていく中で、もはやほかに「違いを見つけて稼ぐ」場所が見つからないことから起こった現象です。つまり、市場化《しじょうか》をどんどん進めていって、資本主義が100％に近づいた証《あかし》でもあるのです。

あらゆる経済活動がお金の貸し借りと結びつけられ、そこからの儲けが大きくなっていく状況が「経済の金融化」

金融の本来の目的は、さまざまな商売が円滑に進むようにお金を融通《ゆうずう》する、いわば、仲《ちゅう》介役《かいやく》のようなものでした。けれども、経済の金融化によって金融自身が経済の主役に躍《おど》り出てしまい、お金の貸し借りから得られる稼ぎが多いか少ないかで、経済の良し悪しが決まるようになってしまいました。

もちろん、きちんとお金が返済され、会社の商売の良し悪しによってお金を貸した人の儲けが決まっているのであれば問題ありません。しかし、これまで見てきたように、金融でお金を稼ぐことを優先するあまり、値段の予想のような実体も根拠もないものにもとづいて得られたお金が幅をきかせるようになり、人々はあたかもゲームをしているかのように、お金儲けに没頭していきました。それは「マネーゲーム」とも揶揄《やゆ》されます。

世界金融危機を引き起こしたのは、これまでお金の貸し借りとは無縁だった人や、住宅ローンから作られた証券を買った世界中の人を巻きこんだ壮大《そうだい》なマネーゲームだったのです。そこでは、もはや商売が円滑に進むようにお金を融通するという金融本来の目的は完全に忘れ去られていて、自分の儲けがいくらになるかしか誰も気にとめなくなっていました。住宅ローンから作られた証券を買った人が、その証券がもともとどんな人の借金から作られているのかを知らないというのは、そのことを象徴しています。

世界中にはかり知れないほどの被害をおよぼした世界金融危機は、こうした今の経済のゆがみを私たちに知らしめる良い機会になりました。そのことを私たちが認識するには、あまりにも犠牲《ぎせい》が大きく、遅《おそ》すぎたのかもしれません。けれども、この出来事をきっかけに、金融も含めた経済のあり方を見つめ直す動きが出てきたこともたしかです。そういった動きの中で、「イスラーム経済」と呼ばれる新しい経済のあり方に注目が集まってきたのでした。

商売を円滑に進めるという金融本来の目的が忘れられ、世界規模の「マネーゲーム」が世界金融危機を起こした

第5章

イスラーム経済ってなに？

――イスラーム経済ってイスラーム教と関係あるの？

はい。イスラーム経済というのは、イスラーム教の考え方に沿ってお金儲《もう》けすることです。世界金融危機のころから世界で注目を集めるようになってきました。

――イスラーム教って宗教だよね？　宗教とお金儲けが結びつくって、なんか変な感じがするなあ。

たしかに、私たちの宗教にたいする一般的なイメージからすると、宗教心がある人ほど、贅沢《ぜいたく》をしないで、ひたすら厳しい修行をしたり、他人を助けるために自分が持っているお金をためらうことなく分け与《あた》えたりするイメージがありますから、宗教の教えに沿ってお金儲けをするというのは、おかしな感じがしますね。

ところであなたは「イスラーム教」と聞いて、どんなイメージがうかびますか？

――うーん、テロとか、戦争とか、難民とか。

そうですね。最近は、シリアやイラクなどムスリム（イスラーム教徒）が多く住んでいる地域のひとつである中東《ちゅうとう》地域で戦争がつづいていて、自分の住んでいる国からほかの国に逃げる人たちのことがニュースで取り上げられています。また、爆弾《ばくだん》をしかけたり、あるいは、みずからが爆弾を持って爆発させたりして、多くの人を殺してしまうテロ事件のときも、イスラーム教のことが話題になります。

――だからイスラーム教は怖い気がする。

そういう報道が多いので怖い印象があるかもしれませんが、ムスリムが多く住んでいるところで起こる戦争や事件に、イスラーム教がすべて関係しているわけではありません。日本は仏教の国だといわれることが多いですが、日本で起こるすべての事件に仏教がかかわっているわけではないですよね？　戦争やテロは、政治、経済、社会のさまざまな要因が複雑に結びつくことによって引き起こされるものですから、宗教だけでそれらを説明することはできません。

ほかにイメージはないですか？

——教えが厳しいイメージがある。

たしかに、イスラーム教では、1日5回、決まった時刻にお祈《いの》りをしたり、ラマダーンといって、1年のうちの1ヵ月のあいだ、日の出から日の入りまでなにも飲んだり食べたりしない断食《だんじき》をしたりします。

——毎日5回お祈りするの？　ほんとに1ヵ月間も朝から晩までなにも食べないしなにも飲まないの？

はい、そうです。日本には、イスラーム教を信じている人たちは、それほど多くいません。仏教やキリスト教と比べて、日本人にとってなじみのうすい宗教ですから、びっくりするのも無理はないですね。

——日本にはどれくらいムスリムがいるの？

外国から移り住んできた人も含めて10万人くらいです。

――10万人も？

はい。それでも人口の0・1％未満です。少数派なので、私たちはイスラーム教のことを身近に感じる機会がほとんどありません。おまけに、遠い国のニュースは、大きな事件でないと日本で報道されないので、ふつうのムスリムがどんなくらしをしているか、なにを考えているのかなどについて、なかなか知ることができません。

そういった私たちとイスラーム教のあいだにある「距離《きょり》の遠さ」を差し引いて考えても、ムスリムが多く住んでいるところ（イスラーム世界）で起きているあらゆることが、この宗教と関係あるように思えてしまう。イスラーム教という宗教が、なにかものすごく強い力を持っているように見えてしまう。なぜでしょうか。

そのことを理解するために、まずはイスラーム教がどんな宗教なのかについて、お話ししましょう。

今、世界にはおよそ16億人のムスリムがいます。世界の人口が70億人程度ですから、4

〜5人にひとりがムスリムという計算になります。イスラーム発祥《はっしょう》の地である中東地域だけでなく、南アジア、東南アジア、アフリカ、欧米《おうべい》と人種・民族関係なく、世界中にイスラーム教は浸透《しんとう》しています。参考までに、キリスト教徒はカトリック、プロテスタント他の宗派を合わせて20億人あまり、仏教徒は4億人近いといわれています。

ところで、16億人ものムスリムの人たちは、なぜ、イスラーム教という宗教を信じていると思いますか？

——えっと、天国に行くためとか？　簡単すぎる答えかな？

いいえ、そのとおりです。ムスリムがイスラーム教を信じる目的は、自分が死後、天国に行くためなのです。

イスラーム教の教えでは、天国があるのと同時に地獄《じごく》もあります。そして、ある日、この世の終わりがやってきます。そのとき、それまでにこの世を生きて死んでいったすべての人間がよみがえり、神様の前で「最後の審判《しんぱん》」という裁きを受けることになります。神様は、生きていたころの行いを調べて、その人を天国に送るか、地獄に送るかを決めます。天国に行くことができた人は、永遠にしあわせな生活が待っていますが、地獄に落ちた人は、苦しみが永遠につづくことになります。

——どっかで聞いたことのあるような話だけど……。

終末の日にすべての人間が天国か地獄に送られるという教えはユダヤ教、キリスト教と共通したものです。この3つの宗教はいわば兄弟のような関係にあります。

ムスリムは、この最後の審判で天国に行くことを目的として、もっといえば、唯一《ゆいいつ》の目的として、イスラーム教を信じているのです。

——イスラーム教では、どうやったら天国に行けるの？

イスラーム教の教えを守って一生を終えれば、最後の審判で天国行きだと神様から言われます。逆に、教えを守らなければ、地獄に落ちます。

——すごくシンプルなんだね。

はい。非常に単純明快です。そして、ムスリムが守るべき教えはすべて、『クルアーン』に書かれています。

――『クルアーン』？

日本でも欧米の読み方『コーラン』がよく使われてきましたが、最近はアラビア語の発音に近い『クルアーン』という表記を使うことが多くなってきました。「声に出して読まれるもの」という意味で、神様の言葉を1冊《さつ》にまとめたものです。

『クルアーン』は、そこに書かれているとおりにこの世を生きれば天国に行ける、いわば「天国への行き方マニュアル」です。ムスリムは、この『クルアーン』を覚えて、またつねに手元に置き、困ったときには『クルアーン』をひもといて、その教えに沿って行動することで、天国に行けるように日々を生きているのです。

――『クルアーン』を全部覚えて、そのとおりに生活するのはたいへんかも。

『クルアーン』には、日本語の翻訳《ほんやく》もありますが、300ページくらいの文庫本で3冊です。

あなたが中学校で使ってきた教科書を積み上げたら、文庫本3冊よりもずっと多いでしょう？　それと比べたら、文庫本3冊で天国に行けるのは、簡単だと思いませんか？

――うーん、簡単なのかなぁ。わからない。

そうですね。ただ、ほかの宗教と比べて、教えの分量はイスラーム教が圧倒的に少ないんです。たとえば日本で一般的《いっぱんてき》に使われているキリスト教の『聖書《せいしょ》』は2000ページです。さらに、ほかの宗教では、教えのいろんな解釈《かいしゃく》や意味があったりするのですが（だから経《きょう》典《てん》も膨大《ぼうだい》になっているのですね）、イスラームでは、『クルアーン』1冊だけ読めば十分、といわれています。

クルアーン

それほどイスラーム教にとって『クルアーン』は大事な本ですが、ここにまとめられている教えを最初に神様から受け取って、みんなに広めたのがムハンマドという人です。ムハンマドは、西暦6世紀から7世紀にかけて、アラビア半島で沙漠《さばく》を行き交う商人として生きた人でした。そのムハンマドが、610年に突然、神様の言葉を受け取ったことで、イス

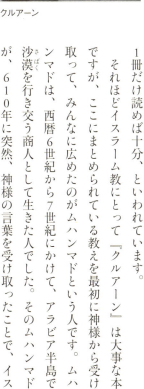

ラーム教の教えがこの世に伝わりました。

――そのムハンマドっていう人が、イスラーム教を作ったってこと？

正確には、ムハンマドが作ったわけではありません。ムハンマドは、教えを神様から受け取って人々に伝えた仲介役《ちゅうかいやく》です。神様の言葉を預かったので「預言者《よげんしゃ》」と呼ばれます。

宗教の中には、それを始めた人を神様のようにあがめたり、神様とその人が一体になったりするものがあります。それにたいして、イスラーム教では、ムハンマドはあくまでも仲介役の人間にすぎませんから、ムハンマドを神様のようにあがめるのは、イスラーム教ではかたく禁止されています。神様も、「ムハンマドはただの人間だ。神様ではない」とわざわざムハンマドに伝えているくらいです。

――そうなんだ。ちょっと意外。

イスラーム教の信仰《しんこう》はあくまで神と自分との関係で、ムスリムは天国に行くという信仰の目的を達成するために、神が示した『クルアーン』の教えのとおりにこの世を生きているのです。

宗教の教えがまとめられている本のことを聖典《せいてん》といいますが、どの宗教の聖典にも、お祈りのしかたや修行のしかたは書かれています。『クルアーン』にも、たとえば、お祈りのしかたや断食のことなど、信仰についてのきまりが書かれています。天国と地獄があることや、最後の審判のことも書かれています。

けれども、『クルアーン』が、ムスリムにとっての「天国への行き方マニュアル」であるためには、それだけでは不十分です。ムスリムも、生きているあいだはご飯を食べ、他の人といっしょに働き、家族と生活をともにするわけですから、そのときどきに、どのようにふるまえば天国に行けるのか、『クルアーン』が教えてくれないと困ります。

ですから、『クルアーン』には、そういった生活のしかたのことも、お酒を飲んではいけないことや、豚肉《ぶたにく》を食べてはいけないことなど、ことこまかにわかりやすく書かれています。また、結婚《けっこん》、離婚《りこん》、相続《そうぞく》といった家族や人生にかかわることから、国のあり方、国を治める人の選び方、人々の助け合いの方法まで、あらゆることが書かれています。たとえば、次のような言葉があります。

「神様は、あなたの遺産をあなたの子どもや妻がどうやって取り分けるかについて次のようにおっしゃっています。息子と娘は2対1の比率で分けなさい。娘だけがふたり以上いる場合は、全遺産のうちの3分の2が彼女たちの取り分、ひとりしか娘がいない場合は、全遺産の半分を彼女の取り分としなさい。また、あなたの妻の取り分は、子どもがいる場合には、全遺産の6分の1を、子どもがいない場合は、全遺産の3分の1としなさい」（『クルアーン』第4章第11節）

――なんだか宗教の聖典っていうより、法律みたいだね。

そうですね。私たちがくらす現在の日本では、こういった遺産相続のやり方を決めているのは「民法《みんぽう》」と呼ばれる法律です。そこでは宗教はまったく関係ありません。けれども、イスラーム教では、『クルアーン』が決めています。『クルアーン』の教えのとおりにこの世を生きなければならないという教えの性格上、私たちの感覚では、宗教とは関係ないと思うような政治や社会、家族にかんすることすべてが、宗教によって決められているのです。

――生活のすべてが『クルアーン』の教えで決められてるってこと？

そうです。こうして見てみると、イスラーム教は、私たちの感覚で考える宗教の範囲《はんい》をはるかにこえています。だとすると、イスラーム教を宗教としてのみ捉《とら》えていていいのでしょうか？　むしろ、中国文明とか、エジプト文明とか、近代文明と同じように、ひとつの「文明」と考えたほうが理解しやすいのではないでしょうか。

そう考える人たちは、イスラーム教の「教」の部分を取ってしまって、たんに「イスラーム」と呼ぶようになっています。「教」をつけてしまうことで、イスラームの本質を見過ごしてしまうおそれがあるからです。私もそう考えるひとりですので、ここからは、この本でも「教」をつけずに、たんに「イスラーム」とします。

さて、ここまでくれば、「イスラーム」と「お金儲け」が結びつくことが不自然ではないことはわかりますね？　結婚、離婚、相続や国のあり方と同じように、お金儲けも私たちのこの世での生活の一部だからです。

——生活するには、なんにでもお金が必要だからね。

はい。ですから『クルアーン』には、どうやってお金儲けをすれば天国に行けるのかも、わかりやすく書かれていて、お金儲けにかんして困ったことが起きたときの解決策もちゃんと書いてあります。しかも、『クルアーン』はお金儲けにとても肯定的《こうていてき》なんです。第2章第275節には、「神様は商売を許した」と書かれています。

この言葉は、イスラームでは、お金儲けをすればするほど、天国に行きやすくなりますよ、ということを意味しています。こんなに単刀直入にお金儲けをすすめている宗教は、古今《ここん》東西《とうざい》、どこを探してもイスラームしかありません。

――お金儲け「してもいい」というだけじゃなくて、「すればするほど天国に行きやすくなる」の？

はい、そうです。私たちの感覚では、お金儲けは、どことなく卑《いや》しいことのような気がしますね。お金儲けのことばかり考えることは、あまり良くないことだと思ってしまいがちです。あるいは、とてもお金を儲けている人にたいして、「ひょっとしてなにか悪いことをしているんじゃないか？」と勘《かん》ぐったり、お金持ちが逮捕されると、「ほら、やっぱり悪いことをしてたんだ！」と思ったりします。

ムスリムはそういった考えをいっさい持ちません。お金を儲けることは良いことで、お金をより多く儲けた人のほうが、イスラームの教えにより忠実に生きていると思っています。だって、神様がお金儲けしていいっておっしゃっているのですから。極端な言い方をしてしまえば、この世での儲けの量で、天国への行きやすさが決まってしまいます。ですから、儲けが少ない人は、お金持ちをねたむのではなく、「よし、自分もあの人のようにもっと儲けて天国に行ってやろう」と思うのです。

――そうなの？　お金儲け＝信仰なの？

はい。私は、中東や東南アジアなど、イスラーム世界で開かれる国際研究会議によく出席します。もちろん会議中は、研究にかんする真剣な議論が行われますが、ひとたび休憩《きゅうけい》になると、現地の大学の先生たちは、コーヒーや紅茶を片手に、「あの油田に投資するとこれだけ儲かるらしい」とか「今度、会社を作ってお金をもっと儲けるんだ」などとお金の話に花を咲かせます。日本だったら、「大学の先生がそんなお金儲けなんかに手を出すなんて」と冷ややかに見られてしまうでしょうが、ムスリムにとっては、これが信仰をさらに深める道なんです。

イスラームでは、私たちがイメージする「聖なるもの」とお金儲けなどの「俗《ぞく》なるもの」

が同じ方向を向いている、あるいは、両立して当然だと考えられているのです。ですから「俗なるものを極めること」は「聖なるものを極めること」なんです。

――お金儲けすればするほどいいっていうのは、資本主義と同じなの？

イスラームがすすめるお金儲けの方法は、資本主義のしくみ、つまり、「違《ちが》いを見つけて稼《かせ》ぐ」のと基本的には同じです。ですから、資本主義とイスラーム経済はとても近い関係にあります。ただし、イスラームでは、どんなお金儲けも全面的に肯定しているわけではなく、あくまでも神様に認められたやり方、つまり、イスラームの教えに沿って儲けなければなりません。

――イスラームの教えに沿って儲けるって、どうやるの？

『クルアーン』には、どうすればイスラームの教えに沿って儲けることができるのか、いくつか具体的に書かれています。たとえば、次のような言葉があります。

「無駄遣《むだづか》いをしてはいけません」（第4章第29節）
「汗水《あせみず》流して、一生懸命《いっしょうけんめい》働きなさい。そうすれば、神様はあなたを天国に連れて行ってくれます」（第5章第12節）

――どっちも、当たり前のことじゃないの？

日本にくらす私たちからすると、すごく親しみのある言い方ですね。でも、無駄遣いしてはいけないとか、汗水流して働くとかは、資本主義のしくみそのものにはありません。資本主義のしくみは、「違いを見つけて稼ぐ」ことをひたすら追い求めるものですから、極端な言い方をすれば、無駄遣いしたって、汗水を流さないでお金儲けをしてもかまわないのです。

――あ、そうか。

無駄遣いはだめとか、汗水を流さないお金儲けは認めないとかいう考え方は、私たちの住む世界では、「道徳」とか「倫理」の領域として捉えられて、資本主義のしくみに外から一定の制約を加えるものだと考えられています。

日本は、歴史的にそういうことを重んじながら資本主義のしくみを取り入れてきましたから、この『クルアーン』の言葉に親しみを感じるのです。

そういう意味では、私たちの経済にたいする考え方と、イスラームの考え方は近いのかもしれません。ただ、私たちの道徳観は、どこかにきちんと法律として書かれているわけではありません。それにたいして、イスラームでは、『クルアーン』にそのことがはっきりと書かれています。ここが大きな違いです。

――それ以外は、イスラーム経済と日本の経済のあり方はだいたい同じなの？

いいえ。似ているところもありますが、まったく違うところもあります。その代表的なものが、「利子《りし》の禁止」です。

『クルアーン』には、利子を取ってはいけないという神様の言葉が何度も出てきます。たとえば、先ほど紹介した第2章第275節には、つづきがあって、

「神様は商売を許した。けれど、利子を取ることは認めなかった」

となっているのです。『クルアーン』のほかのところでは、利子を取ってお金儲けするとどんな目にあうかも書かれています。悪魔《あくま》にとりつかれてうまく起き上がれなくなってしまうとか、神様が恐ろしい罰《ばつ》を用意しているとか。

――利子を取ったら天国に行けなくなるんだね。

そうです。「お金はいくらでも稼いでいいけど、利子だけはだめ」。これはイスラーム経済だけの独自の特徴《とくちょう》です。逆にいえば、利子を取らなければ、いくらでもお金儲けをしてもいい。それがイスラームの教えに沿ったお金儲けのしかた、つまり、イスラーム経済です。

――でも、利子がだめだったら、お金の貸し借りが不便なんじゃないの?

たしかに、私たちの経済では、利子がないとお金の貸し借りがうまくできません。利子とともに発達してきた金融の役割が大きくなりすぎたことが、今の経済の問題点であることは、第4章でお話ししました。一方で、「金融は経済の血液」と呼ばれるくらい経済にとても大事な役割をはたしています。お金の貸し借りがうまくできず、必要なところにお金が回っていかないと、会社がモノをきちんと生産できなかったり、私たちの生活に必要な道路や公共施設が作られなかったりと、困ることが出てきてしまいます。

――じゃあ、イスラーム経済は、どうしてるの？

利子がないことと、お金の貸し借りをすることは、じつは別のことなんです。今の私たちの経済では、利子とお金の貸し借りは、表裏一体《ひょうりいったい》のものだと考えられています。けれども、イスラーム経済では、『クルアーン』の教えに従って、利子を取らないやり方で、必要なところにお金が回るような金融のしくみを編み出すことに成功しました。このやり方を「イスラーム金融」といいます。そして、そのやり方が今、世界中に広まりつつあります。どうやったら、無利子のお金の貸し借りが可能なんでしょうか。次の章でそのしくみについて説明することにしましょう。

第6章

イスラーム金融ってなに？

1 どうしてイスラーム金融《きんゆう》が生まれたの？

――イスラーム金融って、イスラームが始まった7世紀からずっとあったものなの？

いいえ。今から40年ほど前に生まれた新しい動きです。順を追ってお話ししましょう。

イスラームの教えを最初に神様から受け取ったムハンマドは、その教えを広めていく中で、イスラームの教えに沿った国を作っていきました。632年に亡くなるまでに、アラビア半島全体を治めるまでになったといわれています。

ムハンマドによって伝えられ、アラビア半島で広まったイスラームですが、ムハンマドの死後、後継者《こうけいしゃ》たちはさらに領土を拡大していき、今の中東《ちゅうとう》地域から、西は北アフリカや今のスペインやポルトガルのあるイベリア半島、東はインドや中央アジアにいたる、広大なイスラーム帝国を築くことに成功しました。

イスラーム帝国は、イスラームの教えに沿ったやり方で国の統治が行われていましたから、経済のしくみもイスラームの教えに沿ったものでした。当時は今のような「銀行」はなく、たとえば、お金を貸す専門の商人、お金を預かる専門の商人、他の国のお金と両替《りょうがえ》する専門の商人のように、いろんな商人が今の金融の機能を担っていました。

イスラーム帝国は、その後、違《ちが》う民族の国王に代わったり、いくつかの国に分かれたりしていきました。けれども統治や経済のしくみは、どの国でも同じイスラームの教えに沿ったものが使われていたため、北アフリカからインドにかけての広大な地域は、長いあいだ、ひとつの文明圏《ぶんめいけん》、すなわち、イスラーム世界を形成していました。

――そんなに広い地域がイスラーム世界だったの？

はい。当時の様子がうかがえる資料が残されています。イブン・バットゥータという今のモロッコ生まれで、14世紀に生きた旅行家による『大旅行記』という本です。彼は、アフリカ、中東、南アジア、中央アジア、東南アジア、そして中国と、広大な範囲を生涯《しょうがい》かけて旅行し、その足跡《そくせき》を本にまとめました。日本語の翻訳《ほんやく》も出版されています。

彼が旅行した当時、すでにひとつのまとまったイスラーム帝国はなくなっていて、いろんな国が乱立している状態でした。それでも、バットゥータがそれだけ広大な範囲を何度も旅することができたのは、旅先のあらゆる場所で、自分が生まれた国と同じしくみが使われていたからです。

バットゥータは、もちろんムスリムでしたが、お祈《いの》りをしたいと思ったら、モスクと呼ばれるお祈りする場所がどこにでもあったり、なにかを買いたいと思ったら、取引のやり方がどこでもイスラームの教えに沿ったやり方であったり、国が違っても、イスラーム文明がすみずみまで浸透《しんとう》していたので、不自由なく旅をすることができたのです。

――すごいね。

7世紀から17世紀ごろにかけては、イスラーム世界が文化や経済の最先端《さいせんたん》だったのです。ところが、19世紀ごろから、産業革命に成功して徐々に力を付けてきたヨーロッパの国々が、強大な軍事力を持って、北アフリカから東南アジアにかけて広がるイスラーム世界に進出して、その多くを植民地にしてしまいました。

そして、ヨーロッパの国々は、自分たちが使っているしくみを、イスラーム世界にも導入していきました。経済でいえば、資本主義のしくみを導入していったのです。もちろん、

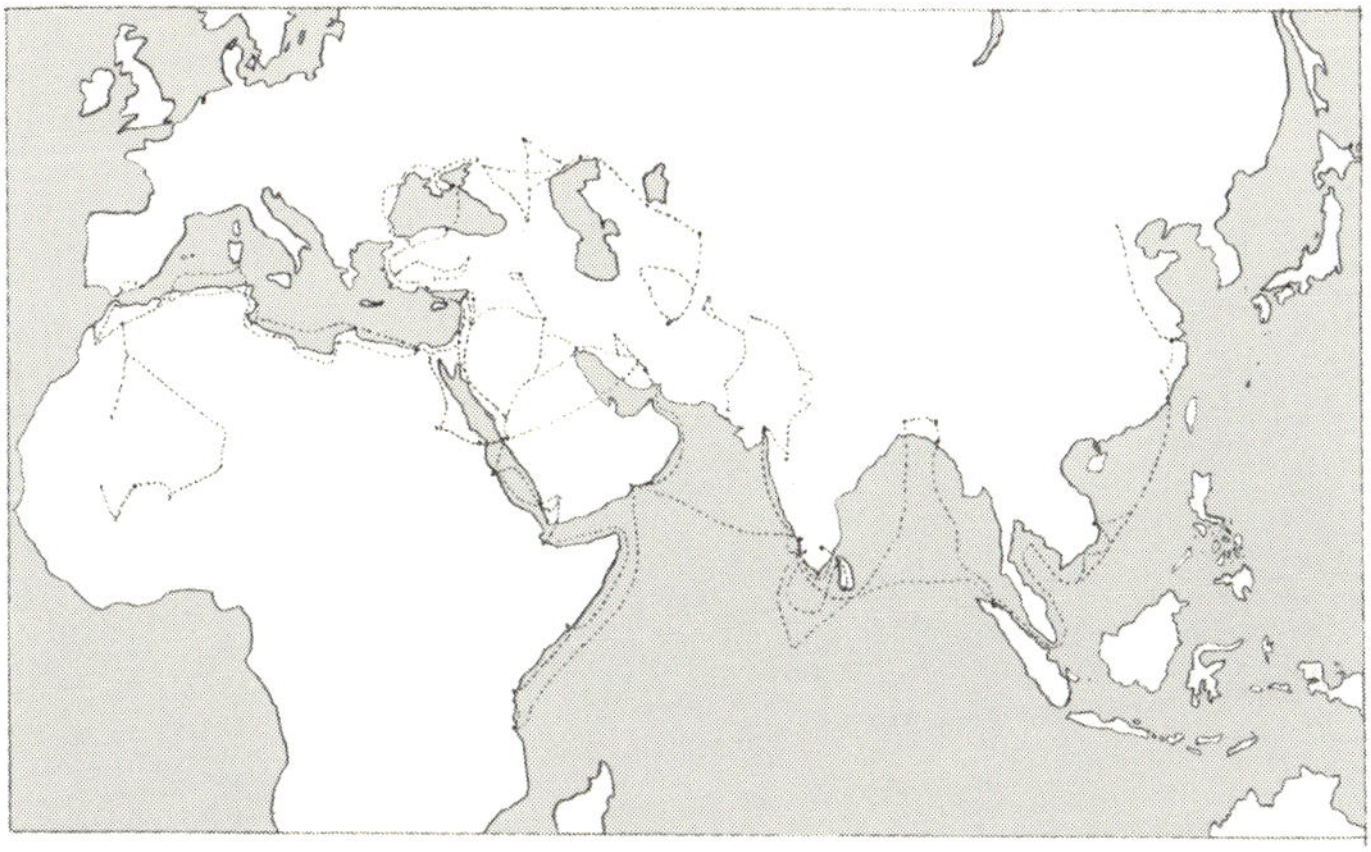

イブン・バットゥータの足跡

（家島彦一『イブン・バットゥータの世界大旅行──14 世紀イスラームの時空を生きる』平凡社より作成）

世界各地のモスク

銀行が利子を使ってお金を貸し借りするしくみも導入されました。

代わりに、イスラーム帝国がこれまで使ってきたしくみは、ほとんど廃止《はいし》されてしまいました。それまで、『クルアーン』の教えに沿って生きていた人々は、急に、ヨーロッパが生み出した近代文明の中で生きていく必要に迫《せま》られたのです。


――なんか、日本の江戸時代にペリーがやってきて開国したのと似ているね。


そうですね。19世紀という同じ時期に、ユーラシア大陸の東の端《はし》(日本)で起こったことが、イスラーム世界でも起こっていたんですね。日本は開国によって、急速に近代化を進めていきます。資本主義のしくみを積極的に取り入れた日本は、ヨーロッパ諸国にならってアジアへ進出し、ヨーロッパ式の経済発展に成功しました。

イスラーム世界でも、植民地支配のもと、ヨーロッパ式の経済発展をめざして、みんな一生懸命《いっしょうけんめい》働きました。けれども、かならずしも経済発展をしてみんなが豊かにはなれませんでした。

なぜうまくいかなかったのかはさまざまな理由がありますが、そのひとつとして、第一次世界大戦後の1920年代から第二次世界大戦をはさんで1950年代にかけて、イス

植民地となったイスラーム世界では、
人々は急にヨーロッパのしくみの中で生きていくことになった

ラーム世界は次々に植民地支配からの独立を果たしたものの、植民地時代を引きずってヨーロッパやアメリカの影響力が非常に強く残ったことが挙げられます。

たとえば、欧米の国々と仲良くすることだけを考えて、人々の生活をまったくかえりみない人が国のトップに何十年も居座《いすわ》ったり、石油や鉱山資源《こうざんしげん》を有利に売ってもらおうと考える欧米の国々が、現地のさまざまな勢力を利用した結果、戦争に発展してしまったりということがありました。

1970年代ごろ——日本では戦後の経済発展によって豊かな生活を送っていたころですが——、イスラーム世界の中でも、とくに中東地域の国々ではこうした現状に不満を持っている人々の中から、自分たちが苦しんでいるのはそもそもヨーロッパの国々が導入した資本主義のしくみが良くないからだ、と考える人が現れてきました。そうした人たちは、自分たちの信仰《しんこう》であるイスラームの教えにもとづいたやり方＝「イスラーム経済」によって、豊かになろうと考えたのです。

——どうしてそう考えたの？

ヨーロッパの国々が進出してきたあとも、イスラーム世界にくらす人々は、イスラームの信仰を捨てたわけではありませんでした。ずっとムスリムだったのです。でも、政治、経済、社会のあらゆるしくみは、ヨーロッパ方式に変えられてしまって、イスラームの教えは、お祈りや断食《だんじき》などのいわゆる「宗教」の場面だけで、細々とつづけられていました。

前の章でお話ししたように、イスラームというのは生活のあらゆる面にかかわる「文明」のようなものですから、こういう状況《じょうきょう》はイスラームの教えからすると、すごく窮屈《きゅうくつ》です。イスラーム経済を復活させようとした人たちは、もう一度イスラームの教えにもとづいてくらしを営むイスラーム本来のあり方に、立ち返ろうとしたのです。

経済だけではなく、政治や社会のしくみにも、ふたたびイスラームのしくみを復活させようとする動きも出てきました。イランでは、1979年に革命が起こって、「イラン・イスラーム共和国」となり、イスラームの教えにくわしいイスラーム学者が、国を統治することになりました。

――大統領や総理大臣じゃなくて？

イランには、国民によって選挙で選ばれた大統領はいます。でも、そのさらに上に、イスラーム学者がいて、国の方針を決める強い力を持っています。イスラーム革命が起きたのはイランだけですが、イスラームを見直そうとする「イスラーム復興《ふっこう》」の動きは各地で起こりました。

その中でイスラーム経済を復活させようとした人たちがまず取り組んだのが、利子の問題でした。

――利子を取ってお金儲けをすると、すごく怖い目にあうって『クルアーン』に書かれてたんだよね。

はい。けれども当時、お金の貸し借りをしようとしたら、ヨーロッパの国々が導入した利子を取る銀行を利用するしかありませんでした。ムスリムたちは、イスラームの教えに反するしくみを利用するしかなかったのです。

多くの人が銀行というしくみが便利だということを理解していましたが、銀行には利子があります。だったら、利子を取らない銀行を作ってしまえばいいじゃないか、とイスラーム経済の復活をめざした人たちは考えたのです。これが「イスラーム金融」の始まりです。

第4章でお話ししたように、銀行はヨーロッパが発明したものです。その銀行というしくみを使いながら、イスラームの教えに沿ったお金の貸し借り＝イスラーム金融を実現することは、イスラーム文明と近代文明を融合《ゆうごう》することでした。

――「イスラーム文明（利子を取らない）＋近代文明（銀行）＝イスラーム金融」ってことだね？

はい。イスラーム復興の特徴《とくちょう》は、たんに、過去のイスラームのあり方に戻るのではなく、近代文明の良いところは積極的に使っていくことです。イスラーム金融は、まさにそのことを象徴《しょうちょう》するものです。

世界で最初のイスラーム銀行は、中東産油国のひとつ、UAE（アラブ首長国連邦《しゅちょうこくれんぽう》）のドバイで作られました。

――ドバイって、世界でいちばん高いビルがあるところ？

よく知ってますね。2010年に開業したブルジュ・ハリーファのことですね。ドバイは、古くから交易で栄えた町で、斬新《ざんしん》なアイデアを持った商人が集まる場所でした。そのドバイで、イスラームを熱心に信仰する商人たちがお金を出しあって、イスラーム銀行（ドバ

イスラーム復興は、たんに過去のイスラームのあり方に戻るのではなく、近代文明の良いところは取り入れる

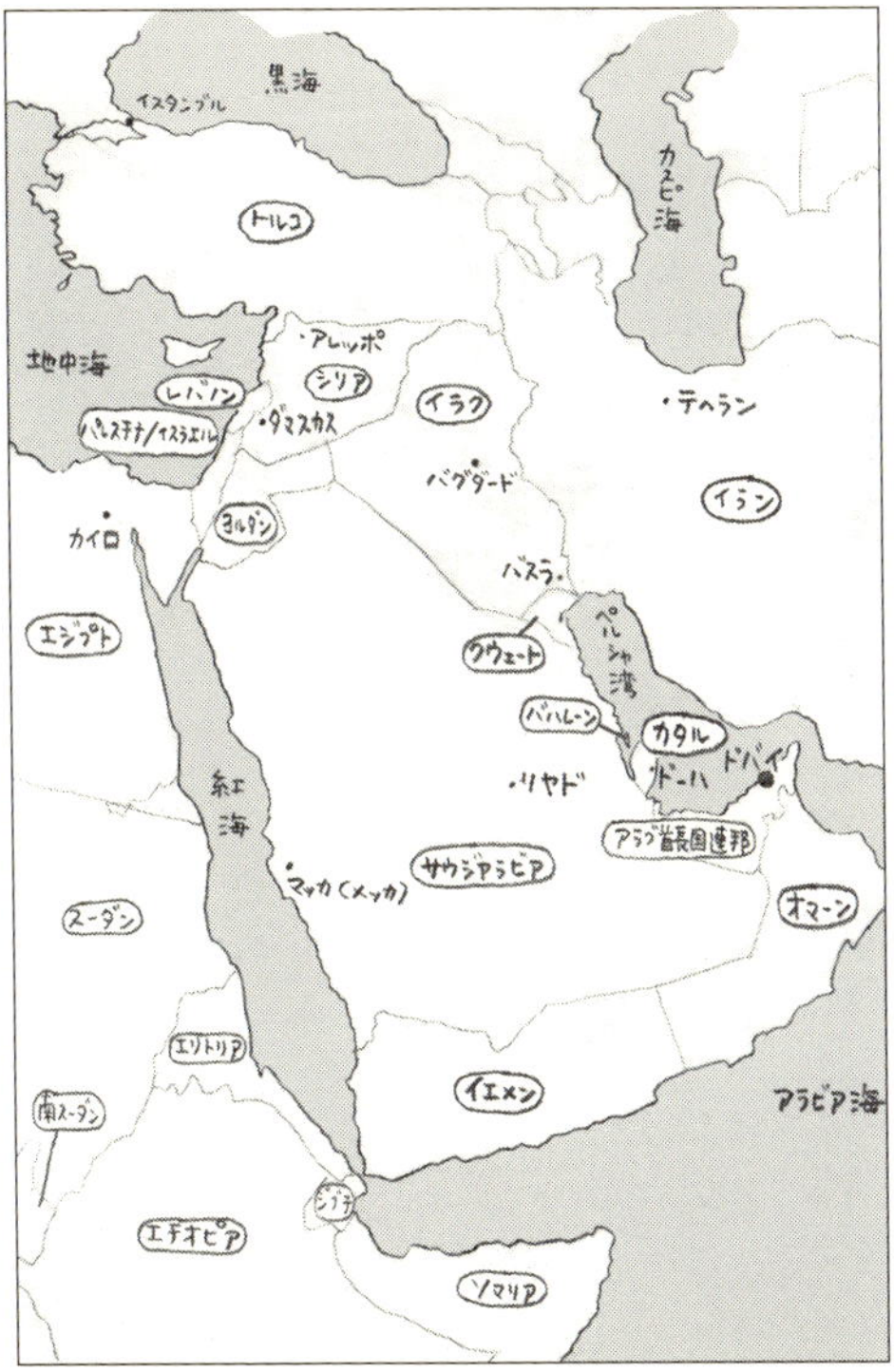

中東の国々

ドバイはアラビア半島東側の
ペルシャ湾岸に面した都市

ブルジュ・ハリーファ

ドバイ・イスラーム銀行

イ・イスラーム銀行）を作ったのです。1975年のことでした。

最初は、お金を出しあった商人たちも、イスラーム銀行を作ってもお客さんが来るのかどうか不安だったそうですが、いざ開業してみたら、ムスリムが銀行に押《お》し寄せてきたのです。


――みんな、イスラームの教えに沿った銀行を待っていたんだね。


そうです。多くのムスリムは、お金を借りないと会社を経営できないとか、家にたくさんのお金をしまっておくのは不安といった理由で、しぶしぶながら利子を取る銀行を使っていました。

とても信心深いムスリムの中には、利子を取るので「銀行」は名前を聞くのも使うのも絶対にイヤ、という人たちもかなりいたそうです。そうした人たちは、お金をブレスレットやネックレス、指輪などの金《きん》の装飾品にかえて、つねにそれらを身につけることで、自分の財産を守ってきました。今でも、ドバイをはじめとする中東各地の大都市には、ゴールド・マーケットがかならずあって、自分の財産を金にかえている人たちをよく見かけます。

ドバイ・イスラーム銀行の登場によって、そうした人たちが、こぞって自分の財産を預け、イスラーム銀行は大成功を収めました。当時多くの人がイスラーム銀行に押し寄せた光景は、今でも語り草になっているほどです。

ドバイ・イスラーム銀行の成功は、ほかの国の人たちに衝撃《しょうげき》を与《あた》えました。利子を取っていた中東地域のふつうの銀行が、利子を取らないイスラーム金融専用の窓口を作ることもありました。そして、中東各国で次々とイスラーム銀行が作られていきました。

——人気があったんだね。

イスラーム銀行の勢いは中東地域の外へも広がっていきました。1990年代に入ると、東南アジアのマレーシアが国をあげてイスラーム金融に力を入れ始めます。当時は、マハティールさんという非常に強いリーダーシップを持った人が首相を務めていました。マレーシアは、人口の6割がムスリムのマレー人、3割が中華系《ちゅうかけい》、1割がインド系の多民族国家です。経済的には中華系の人々が豊かで、マレー人は貧しいくらしを強いられていました。

1991年、マハティールさんは、大胆《だいたん》な宣言を出します。2020年までにマレーシアを先進国入りさせるというものです。しかも、欧米や日本のように、資本主義のしくみによって経済を発展させるのではなく、イスラームの教えに沿って経済を発展させるのだと言い放ったのです。

　この宣言を受けて、マレーシアではイスラーム銀行が次々と作られていきました。今では、マレーシアの大きな銀行には、かならずイスラーム銀行部門が別に作られていて、お客さんは、自分の好みに合わせてどちらの銀行を使うかを決めることができます。

——イスラーム銀行は、ムスリムしか使えないの？

　いいえ。ムスリムでなくても利用できます。私も中東や東南アジアの国に調査で行くと、お金を両替するときにイスラーム銀行を使います。もちろん、窓口でムスリムかどうかを聞かれることはありません。イスラーム銀行はみんなに開かれた銀行なのです。私がイスラーム銀行のほうを利用するのは、イスラーム銀行の研究をしているからということもありますが、なによりもイスラーム銀行のほうが、両替のレートが良かったり、手続きが早かったりするからです。イスラーム銀行はイスラームの教えに沿っているという理由で使う人がいるだけでなく、より便利だとか、より良い条件でお金を借りたり預けたりできるとか、経済的な理由で使う人も多いのです。

　マレーシアのイスラーム銀行の利用者の半分以上は、ムスリムではない中華系の人だと

イスラーム銀行のATMに並ぶ人々
(ブルネイ)

ゴールド・マーケット(ドバイ)

マレーシアの主な銀行には
イスラーム銀行が
かならず併設されている
(右側がイスラーム銀行)

マレーシアの首都クアラルンプールに
そびえるツインタワーとモスク

いう調査結果もあります。ムスリムではない人たちの人気もイスラーム銀行の成功を支えています。

1997年に「アジア通貨危機《つうかきき》」と呼ばれる金融危機が東南アジアの国々を襲《おそ》い、各国の経済に大きな打撃を与えました。マハティールさんは、この危機をきっかけにさらにイスラーム金融に力を入れていきます。この金融危機が今の経済がいかに問題だらけであるかをはっきり示したものだと考えて、それに代わるイスラーム経済の可能性を確信したのです。

マハティールさんは、2010年までに、国内の金融市場でイスラーム金融が占める割合を2割以上にするとも宣言していました。そしてじっさいにその目標を達成しています。20年前の1990年にはほぼ0%だったことを考えれば、すごいことです。

マレーシアの成功を見ていたとなりの国インドネシアも、近年、イスラーム金融に力を入れています。インドネシアは世界でもっとも多くのムスリムがいる国です。日本と違って、若い世代の人口も多く、これからの経済成長が期待できる注目度ナンバーワンの国です。そういう国で、イスラーム金融が活用されるならば、金融危機が起こりにくい、より良い経済成長が望めるのではないかと思います。

——イスラーム銀行が作られているのは、ムスリムが多い国だけなの？

欧米の人たちは、当初、利子のない銀行なんて成功するはずがないと思っていました。イギリスのあるテレビ局は、１９８０年代にイスラーム銀行のことを取り上げた番組で、「こんなのは、まじない師のやる銀行だ」と見下すように報道していました。また、１９９０年代には、イギリス政府がイスラーム銀行にたいして「イギリスの金融のしくみに合わせて営業をしてもらわなければ困る」と注文をつけて、当時イギリスに唯一《ゆいいつ》あったイスラーム銀行を追い出したこともありました。

でも、中東や東南アジアでイスラーム銀行が相次いで作られて、しかもかなり成功していることがわかってくると、欧米の人たちもイスラーム金融のことを無視できなくなってきました。ムスリムが多く住んでいる国々がだんだんと経済力をつけてきて、欧米の国々も、そういう国々とビジネスをするときに、イスラーム金融を使わざるをえなくなってきたという理由もありました。

中でもイギリスは、21世紀になると今までのイスラーム金融にたいする態度を一変させました。財務大臣が、「イギリスの首都ロンドンをイスラーム金融のヨーロッパにおける中心地にする」と宣言し、イスラーム銀行が円滑《えんかつ》に営業できるように法律を改正するなど、積極的に受け入れるようになりました。その結果、イギリスでは、新しいイスラーム銀行が次々と作られています。

イギリスだけでなく、21世紀に入ってから、ドイツ、フランスなど他のヨーロッパ諸国やアメリカでも、多くの銀行がイスラーム金融を使ったサービスを提供するようになってきています。そして、現在、イスラーム金融は世界の50以上の国々で使われています。左の地図を見てください。

北アフリカから東南アジアにかけてのイスラーム世界だけでなく、ヨーロッパやアメリカ、サハラ砂漠《さばく》より南にあるアフリカの国々など、世界中に広がっていることがよくわかります。

――日本にはないんだね。

日本でも2008年に法律が変わって、日本国内でイスラーム銀行を作ることができるようになりましたが、まだ国内にイスラーム銀行はありません。日本ではムスリムの人口が少ないことや、イスラームにたいする正しい理解が浸透していないことなどから、イス

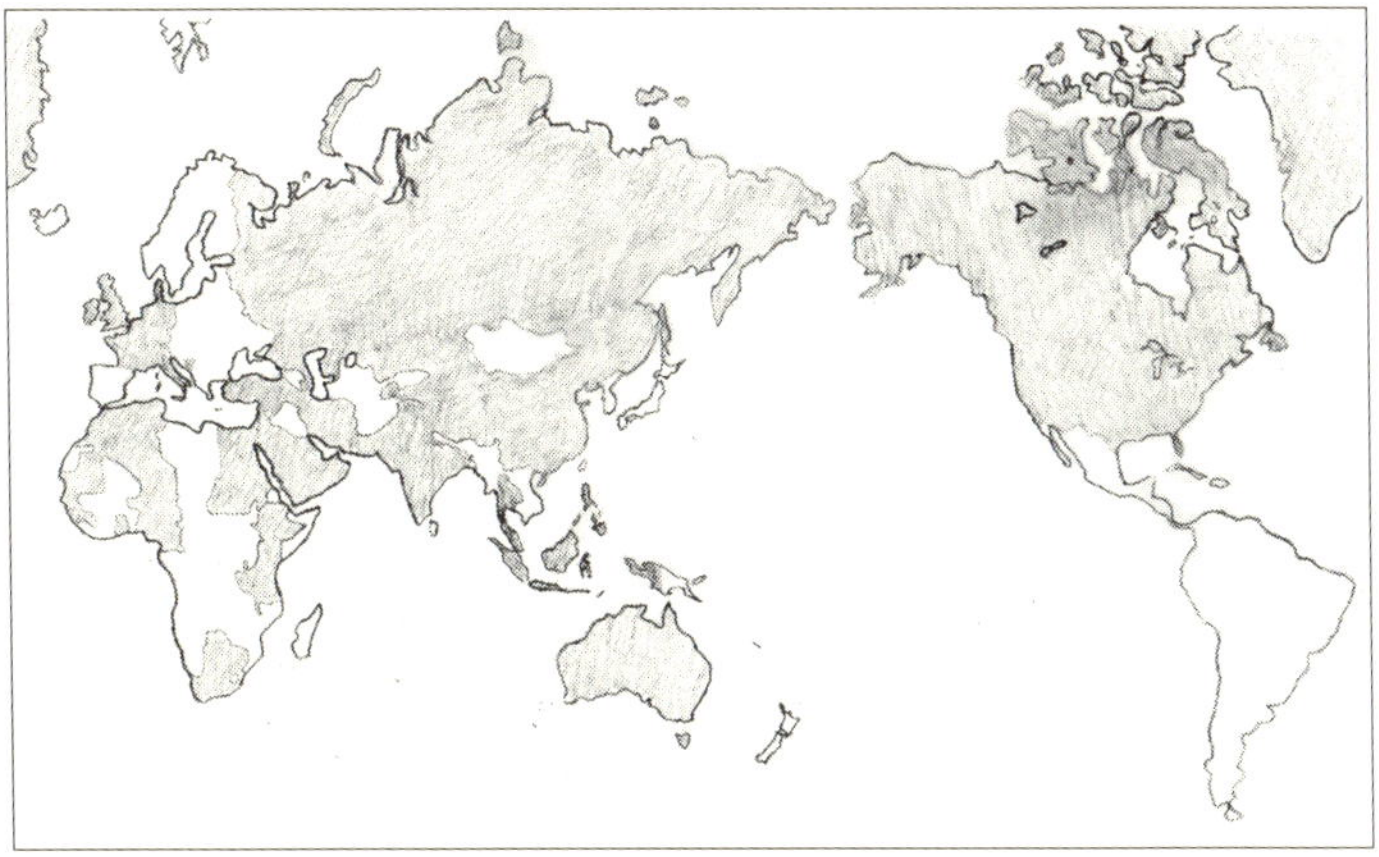

イスラーム金融の世界的広がり

イギリスの首都ロンドンにあるイスラーム銀行

ラーム銀行を作っても利用者がどれだけ現れるかわからないからでしょう。

しかし、日本の銀行や証券会社の中には、海外、とくに、イスラーム金融がさかんなマレーシアやインドネシア、そして、ＵＡＥやサウジアラビアなど中東の産油国でイスラーム金融を始める例はたくさん出てきています。

——日本の銀行もイスラーム金融をやってるんだね。

はい。１９７０年代に登場して以来、およそ40年のあいだにめざましく成長してきたイスラーム金融は、今では世界の経済にとっても不可欠なものになってきているのです。

マレーシアでは国内の金融市場でイスラーム金融が占める割合が２割を超《こ》えたとお話ししましたが、他のイスラーム世界の国々でも、イスラーム金融の存在感がどんどん大きくなってきています。それは町中を歩くと、イスラーム銀行の看板《かんばん》やＡＴＭが自然と目に入ってくることからも実感できます。

では、このように発展めざましいイスラーム金融は、私たちの知っているふつうの金融となにが違うのでしょうか。次に、それについてお話ししましょう。

2 無利子の銀行ってどんな銀行？

――イスラーム金融《きんゆう》ってどんなものなの？

イスラーム金融が、どういうしくみで成り立っているのかをお話ししましょう。イスラーム金融の特徴《とくちょう》は利子がないことですが、利子なしでお金の貸し借りをするだけなら、それはとても簡単なことです。1万円を貸して、1年後に1万円を返してもらったり、1万円借りて、1年後に1万円を返せば、無利子銀行の完成です。でも、これでは、銀行の儲《もう》けがありません。儲けがないということは、銀行で働いている人たちにお給料も払《はら》うことができません。

――ボランティア活動になっちゃうね。

ボランティアの無利子銀行ならすぐに作ることができますが、長つづきはしません。無利子銀行を長つづきさせるのであれば、きちんと儲けが出るしくみを作り出さなければなりません。「無利子」と「儲けが出るしくみ」をどのように両立させるかが、イスラーム銀行を作ろうとした人たちにとっての課題でした。

そこで注目されたのが、昔のイスラーム帝国で使われていた取引のやり方でした。かつて使われていたイスラームの教えに沿った取引方法をもとに、お金の貸し借りの方法として使えるように改良してみたらどうだろう、と考えたのです。そして、いろいろな取引の方法の中から「ムダーラバ」と呼ばれるやり方に注目しました。

――なんかヘンな名前！

これはアラビア語ですが、聞き慣れないのでヘンに思えるかもしれませんね。イスラームの教えは、アラビア語で神様からムハンマドに伝えられたので、その教えに沿って統治されるイスラーム帝国では、アラビア語が公用語として使われていました。もちろん『クルアーン』もアラビア語で書かれていて、現在でも、アラビア語を母語としない人たちも『クルアーン』だけはアラビア語で読むことがすすめられているほど、イスラームにとっては大事な言語で、イスラーム金融の用語にもアラビア語が使われています。

「ムダーラバ」は日本語だと、「思い切ってなにかをする」というような意味です。

――おもしろい意味だね。

そうですね。では、「思い切ってなにかをする」取引とはどんなものだったのか、お話ししましょう。広大なイスラーム帝国では、商業が活発に行われ、商人たちはしのぎを削《けず》って「違《ちが》いを見つけてお金を稼《かせ》ぐ」ことに没頭《ぼっとう》していました。現在のイラクの首都バグダードは長らくイスラーム世界の中心として栄えましたが、バグダードのような中東地域の大都市では、遠く離《はな》れたところで採れる香辛料《こうしんりょう》や砂糖、鉱物などが、より多くの儲けを生み出す商品として人気がありました。安く仕入れることができる一方、めずらしいと思って高く買ってくれる人がたくさんいたのです。

――遠くでしか採れないことが、儲けを生み出す「違い」なんだね。

「ムダーラバ」は「思い切ってなにかをする」という意味の取引の方法

そうです。商人たちは、その大きな儲けを求めて、危険をかえりみずに、こぞって地中海やインド洋をわたる航海にくりだしていきました。遠くまで航海に出るには、大きな船と乗組員《のりくみいん》、食料などの準備にまとまった資金が必要です。そこで、ムダーラバの出番です。ムダーラバは、ムハンマドも使っていたとされる由緒《ゆいしょ》正しいやり方です。

ムダーラバでは、2種類の商人が出てきます。ひとつは、ものすごくお金持ちだけれど、遠くまで航海して商品を仕入れるのはあまり得意ではない商人です。これを「在地商人」と呼びましょう。もうひとつは、お金はあまり持っていないけれど、航海の技術と、儲けが多そうな商品を買い付けてくる才能を持っている商人です。これを「航海商人」と呼びましょう。ムダーラバでは、この2種類の商人が、手を取り合って商売をします。

まず、お金を持っている在地商人が、航海商人にお金を託《たく》します。そのとき、どんな商品を買い付けてくるかをふたりで相談します。さらに、もし儲けが出たときには、どうやってその儲けをふたりで分け合うかについても、たとえば半分ずつとか、あらかじめ決めておきます。航海商人は、受け取ったお金を使って、船を仕立てて航海に出て行きます。そして、商品を買い付けて戻ってきて、市場で売ります。

市場で売ったあと、売り上げの中からまずは、在地商人から預かった分のお金を返します。さらに、お金が余っていたとき、つまり、儲けが出たときは、あらかじめ決めておい

ムダーラバ（儲けが出た場合）

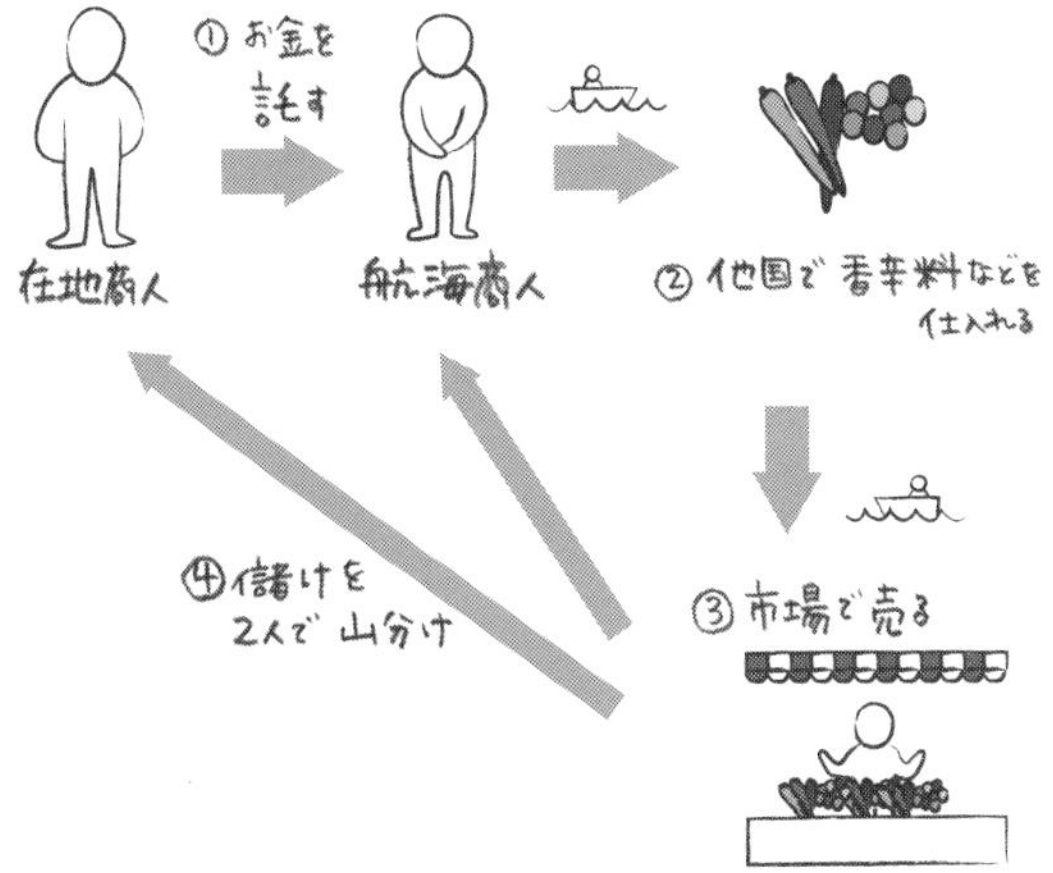

ムダーラバ（儲けが出なかった場合）

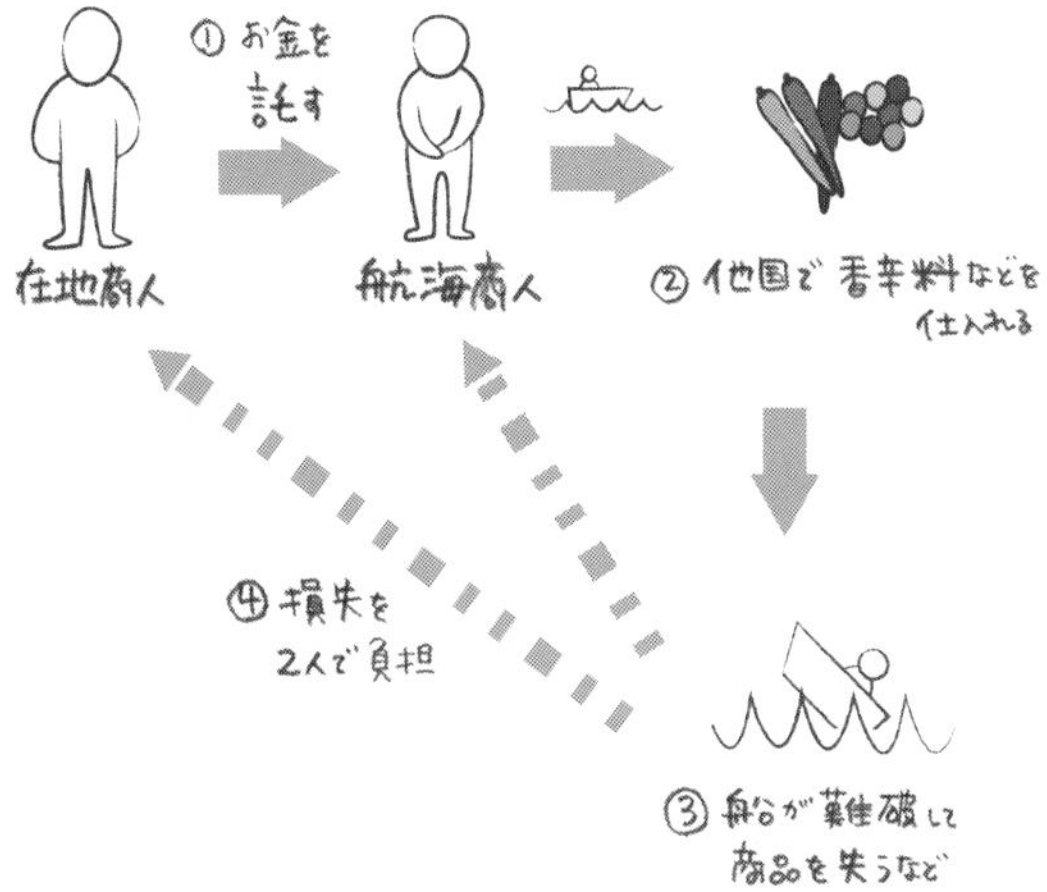

た割合で在地商人と航海商人とで分け合って、この取引が完了します。

儲けが出なかった場合はどうするの？

たとえば船が遭難《そうなん》してしまって、買い付けもできなかったり、買い付けた商品を失ったりということは十分ありえる話ですね。そういうときは、航海商人はお金を返す必要はありません。市場で売ったけれど、儲けがまったく出なかったときも同じです。

借りたお金を返さなくてもいいの？

航海商人は在地商人からたんにお金を借りたわけではないのです。ムダーラバの基本的な考え方は、在地商人と航海商人がいっしょになってひとつの取引に取り組むということです。じっさいに買い付けをして市場で商品を売るのは航海商人ですが、在地商人がそのあいだ、なにもしていないわけではありません。

たとえば、航海商人が買い付けてくる商品があまり高く売れそうにないものだと在地商人が考えたときには、航海商人に買い付ける商品を変えることを提案することもあります。

あるいは、どこの市場で商品を売れば高値で売れるかなど情報を集めて、在地商人がアドバイスすることもあります。在地商人も、より多くの儲けが出るように、あるいはより損失が少なくなるように、商売に積極的にかかわっているのです。そこが現在の私たちが考えるふつうの金貸しと違うところです。

また、そうした積極的なかかわりをすることが、「汗水流して、一生懸命《いっしょうけんめい》働きなさい」という『クルアーン』の言葉の「働く」ことにあたり、在地商人の受け取る儲けがイスラーム的に正当化される根拠《こんきょ》になっています。逆にいえば、きちんと働かなかったら、どんな儲けもイスラーム的に正当化されませんから、このことが、儲けが出なかったときに、航海商人がお金を返さなくてもいいことの根拠になります。

——儲けが出なかったのは、在地商人にも責任があるってこと？

そのとおりです。儲けが出なかったのは、もちろん、じっさいに航海や買い付け、市場での販売《はんばい》をしていた航海商人のせいでもありますが、在地商人も儲けが出るようにきちんと考えていなかったのではないか？　きちんと調べたりアドバイスしていたら、ちゃんと儲けが出たのではないか？　その努力をしなかったのなら、在地商人もきちんと責任をとってね、ということで、損失を在地商人も負担することになるのです。

――ともに働いて、儲けも損もふたりで分け合うってことだね。

はい。ですから、在地商人もお金が返ってこないのはイヤですから、必死になって考えてアドバイスをします。もっといえば、航海商人がたくさん儲けを出してくれれば、自分に入ってくるお金も増えるので、お金を託すときにも、どの航海商人だったらより多くの儲けをもたらしてくれるか、相手を厳しい目で選ぶことになります。ムダーラバは「金貸し」ではなく、役割分担をした「共同事業」なのです。

イスラーム銀行を作ろうとした人たちは、このムダーラバのしくみを銀行に取り込むことで、利子を使わない無利子金融を実現させることに成功しました。イスラーム銀行のムダーラバと区別するために、イスラーム帝国時代のムダーラバを「元祖ムダーラバ」と呼ぶことにします。

イスラーム銀行では、ふたつのムダーラバを組み合わせることで、お金を預かる、お金を貸し出すといういわゆるふつうの銀行と同じような機能を実現しています。ひとつは、お金を預ける私たち、つまり預金者と銀行のあいだのムダーラバ（これを「ムダーラバA」

「ムダーラバ」は金貸しではなく、
貸した人と借りた人が役割分担する「共同事業」

と呼びましょう)、もうひとつは、銀行とお金を借りる人、たとえば、会社のあいだのムダーラバ(これを「ムダーラバB」と呼びましょう)です。

——「預金者と銀行」がAで「銀行と会社」がBだね。オッケー。

ムダーラバAでは、預金者が元祖ムダーラバにおける在地商人、銀行が航海商人の役割をはたします。預金者が銀行にお金を預けて、そのお金を使って銀行は商売を行います。たとえば、預金者が100人いて、それぞれ1万円ずつお金を預けたとしたら、合わせた100万円を使って銀行は商売を行うことができます。

その後、銀行が儲けを出したら、それをあらかじめ決めておいた割合で、銀行と預金者で分け合います。

たとえば、100万円を使って商売をしてそれが120万円になった場合、つまり20万円の儲けが出た場合は、銀行と預金者で半々で分け合うと決めていたら、銀行が10万円、預金者が10万円をそれぞれ受け取ります。預金者が100人いる場合は、ひとつあたり1000円の儲けを受け取ります。1万円預けていたわけですから、それが1万1000円になったのです。銀行の分け前は、銀行で働いている人のお給料や銀行を営業するために必要な費用の支払いに充《あ》てられます。

逆に、儲けが出なくて預かったお金が減ってしまったら、その分は預金者が負担します。つまり、預けたお金が目減りして返ってくることになります。

たとえば、100万円を使って商売をしたけれど、60万円に減ってしまったら、預金者が100人いる場合は、ひとりあたりに返ってくるお金は6000円になってしまいます。1万円預けていたわけですから、4000円分は消えてなくなってしまったことになります。もし、銀行が預かっていた100万円を全部使ってしまって0円になったら、預金者には1円も戻ってきません。

――銀行にお金を預けて、儲けが出るかもしれないけど、全部なくなってしまうかもしれないの⁉

そうです。たんなるお金の貸し借りではないからです。元祖ムダーラバと同じです。

一方、ムダーラバBでは、銀行が元祖ムダーラバにおける在地商人、会社が航海商人の役割をはたします。つまり、銀行がムダーラバAによって預金者から集めたお金を使って、会社に貸し出しをします。会社は、そのお金を使って商売をします。儲けが出たらあらか

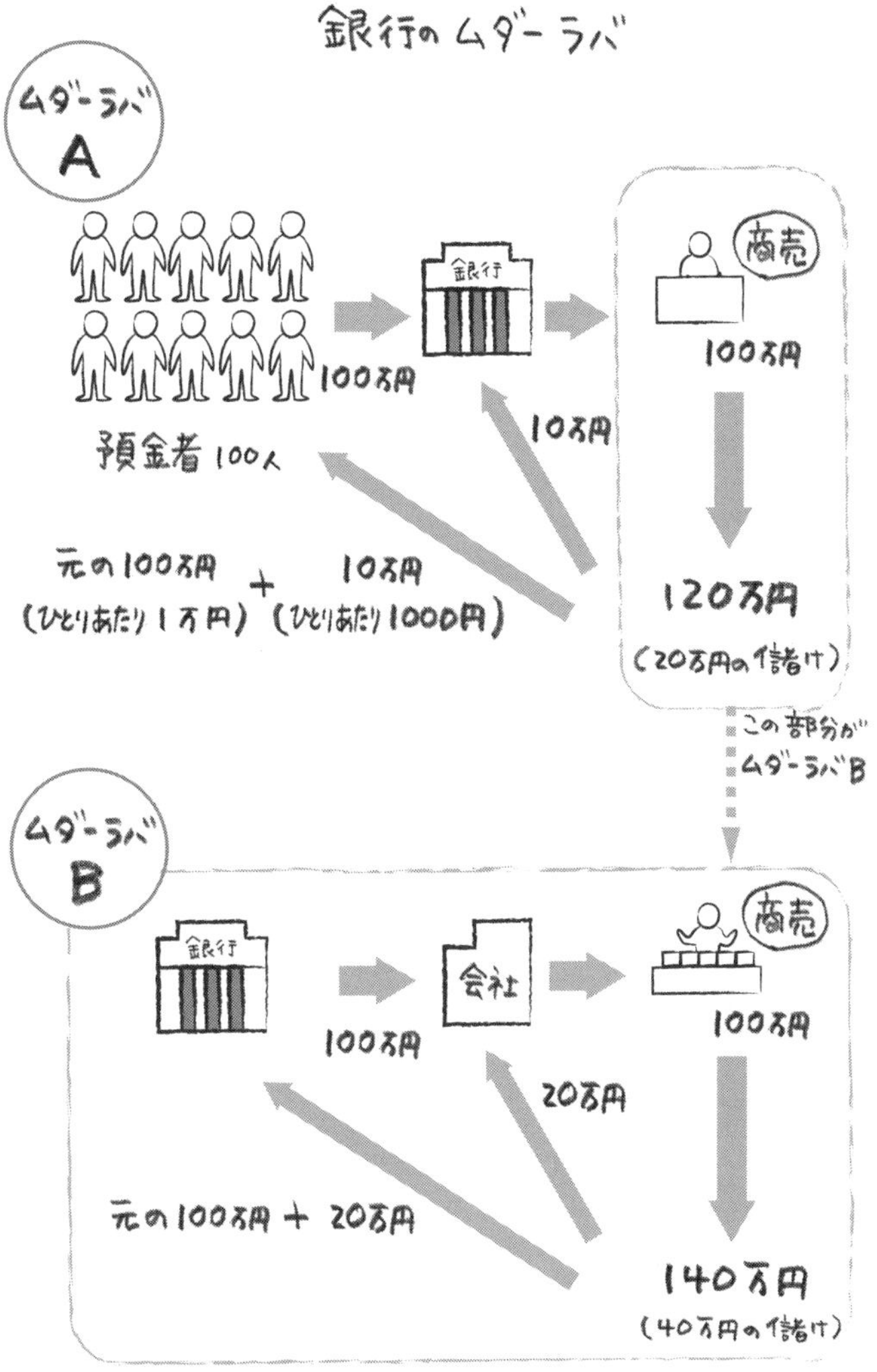
銀行のムダーラバ
ムダーラバ A
銀行
商売
100万円
100万円
10万円
預金者100人
元の100万円
（ひとりあたり1万円）
+
10万円
（ひとりあたり1000円）
120万円
（20万円の儲け）
この部分が
ムダーラバB
ムダーラバ B
銀行
会社
商売
100万円
100万円
20万円
元の100万円 + 20万円
140万円
（40万円の儲け）

じめ決めておいた割合で、会社と銀行で分け合います。

たとえば、銀行が１００万円をひとつの会社に貸し出して、会社が40万円の儲けを出した場合、半々で分け合うと決めていたら、会社が20万円、銀行が20万円をそれぞれ受け取ります。

逆に、儲けが出なくて借りたお金が減ってしまったら、その分は銀行が負担します。つまり、貸したお金が目減りして返ってくることになります。

たとえば、銀行から借りた１００万円が60万円に減ってしまったら、その減った40万円分は銀行が負担することになります。会社は残った60万円だけ銀行に返せばいいのです。万一、借りたお金を全部使ってなくなってしまったら、会社は銀行に１円も返さなくてもいいことになります。

——ムダーラバAとBの関係がよくわからないんだけど。

ムダーラバAはふつうの銀行の機能のうち、預金の機能を担っています。銀行にお金を預ける機能です。銀行にとってはお金を集める機能です。ムダーラバBは、貸し出しの機能を担っています。商売のためのお金を会社に貸し出す機能です。

ムダーラバBからの儲け、つまり、会社の儲けに応じて受け取る分け前が銀行の儲けになっていて、それをさらにムダーラバAの預金者と分け合います。会社が40万円の儲けを出したら、それを会社と銀行で半分ずつ分けて、銀行が20万円を受け取り、それをさらに銀行と預金者で10万円ずつ分け合うのです。

このしくみのどこを探しても「利子」という言葉は見当たりません。無利子金融が実現しているのです。

――ほんとだ。

「ムダーラバ」のしくみを使って無利子の金融が実現

預金者や銀行が受け取る儲けは、なぜイスラームの教えに沿っているか、整理しておきましょう。

利子のあるふつうの銀行の場合、お金を貸す前に借り手が返済《へんさい》できるかどうかを審査《しんさ》しますが、貸しているあいだはよほどのことがないかぎり、借り手の会社や個人にたいして、どういうお金の使い道をしているかチェックしたり、こういう使い方をしたほうが多くの儲けが出るとか、口出しをすることはありません。

これにたいして、イスラーム銀行は、ムダーラバBでお金を貸している会社に頻繁《ひんぱん》に口出しをします。商売が失敗しそうになったら、ここをもっと改善しなさいとか、こういう商品を作ったほうがもっと儲けが出るとかさまざまなアドバイスをします。なにせ会社が儲ければ儲けるほど、銀行の取り分も多くなり、損失が出てしまったら、それを負担するのは銀行です。銀行は積極的に会社の商売にかかわろうとします。

そうした「働き」によって、銀行が受け取る儲けがイスラーム的に正当化され、また、損失が出た場合に銀行が負担しなければならないことも、イスラーム的に正当化されることは、元祖ムダーラバと同じです。

――銀行の場合はわかるけど、預金者の場合は、「働く」の意味がわからない。

働くと言ってしまうと想像がむずかしくなるかもしれません。あなたは、銀行に預金があるのでしたね？

――うん。

銀行に預けているあいだ、あなたはなにかしていますか？

銀行は貸しっぱなしではなく、借り手の商売に口出しするから
受け取る儲けがイスラーム的に正当化される

——ううん。なにも。

イスラーム銀行の場合は、お金を預けているあいだも、銀行がきちんと商売をしているかどうかをチェックしなければなりません。自分のお金を預けている銀行が、どんなところに貸し出しをしているのかを日々確認するのです。万一、貸し出しのやり方がおかしいと思ったり、ほかの銀行のほうがもっと儲けを出しそうだと思ったら、お金を引き出して別の銀行に預けるのです。

そういうことが、預金者が「働く」ことを意味していて、銀行の商売の儲けから分け前を受け取ることの正当化につながっているのです。

——そういうことをしてなくて、銀行の儲けが出なくて、預けていたお金が目減りしてしまっても、預金者の責任でもあるってことだね。

そうです。最悪の場合、銀行が倒産《とうさん》してしまったら1円もお金が戻ってきませんが、その責任は預金者も負わなければいけないのです。

ですから、預金者は厳しい目で銀行を見ていますし、銀行も預金者をつなぎとめるために、健全な貸し出しに努めたり、預金者を安心させるために積極的に情報を公開したりしています。

——ふつうの銀行より預金者との関係が近いみたい。

そうですね。イスラーム銀行のしくみ全体を見わたすと、預金者、銀行、そしてお金を借りる会社が、ともに働いて、儲けも損もみんなで分かち合うという元祖ムダーラバの精神が生かされていることがわかります。そして、みんなで協力しあって、会社や銀行の稼ぎが多くなればなるほど、みんなの受け取る儲けも増えるという、「無利子」と「儲け」が絶妙《ぜつみょう》に両立するイスラーム金融独自のしくみが機能しています。

こうしたイスラーム金融のしくみや、それを生み出したイスラーム経済の考え方から、私たちはなにを学ぶことができるでしょうか。次の章では、私たちの今の経済が抱《かか》えている問題を解決し、より良い世の中を作っていくために、どんなイスラームの知恵を活用できるかを考えてみたいと思います。

第7章

これからの経済を考えるヒントって?

――イスラーム経済が私たちの経済の参考になるの？

はい。私はそう考えています。イスラーム経済の考え方や、それにもとづいたしくみが作られているイスラーム金融《きんゆう》には、私たちの今の経済を良い方向にしていけるかもしれない知恵をたくさん見つけることができます。まずは、前の章でお話ししたイスラーム金融のしくみを手がかりに、どんな知恵が見つかるか考えていくことにしましょう。

イスラーム金融のムダーラバというしくみの特徴《とくちょう》は、たんにお金の貸し借りをするだけでなくて、関係するみんながいっしょに働いていることでした。そして、そのお金を使ってなにか商売をしたあとに、その儲《もう》けや損をみんなで分かち合うしくみでした。

そこでは、お金を借りた人がちゃんと儲けの出る商売をしているかどうか、イスラーム銀行が見張って積極的にアドバイスをしているだけでなく、銀行にお金を預けている人たちも、銀行がちゃんとしたところにお金を貸しているかどうかをつねにチェックしています。このしくみでは、誰がどこでなにをしているのかが全部みんなにわかります。お金を預けている人は、自分のお金がどんな商売をする人に使われているかを知っているし、お金を借りている会社の人は、自分の使っているお金がどんな人が銀行に預けたお金であるかを知っています。

「顔が見える」イスラーム金融では
貸し手と借り手のあいだに人間的な関係が生まれる

――お互いに「顔の見える」関係なんだね。

はい、それがイスラーム金融のひとつめの知恵です。お金自体には相手の顔は見えないけれど、その後ろにはそのお金を貸してくれた人がいます。そのお金は、もしかすると、あなたのような中学生ががんばってお手伝いをして貯《た》めたおこづかいかもしれないし、おもしろいアイデアはあるけれどお金がない人にお金を貸したいと思った誰かが銀行にお金を託したのかもしれません。そんな「顔」が見えていると、借りた人は、大事なお金だから無駄にはできないと思ったり、貸してくれた人たちのためにがんばって働こうと考えて、あまり変なお金の使い方ができなくなります。

お金を貸している人も、どこに自分のお金が使われているかがわかるので、たとえば、あの会社は今はまだ商売を始めたばかりで儲けがあまり出ていないけど、もう少しすればきっと商品に人気が出てくるに違《ちが》いないから、もう少しがまんしてお金を貸しておこうと思ったりするようになります。

顔が見えることで、お金というたんなるモノで結ばれた関係であっても、そこになんらかの人間的な関係が生まれるのです。最近はあまり見かけなくなりましたが、古くからある商店街の八百屋《やおや》さんなんかだと、いつも買いに来てくれるお客さんの顔や好みをちゃんと覚えていて、そのお客さんのためにもっとおいしい野菜を仕入れてこよう、もっとお得に買い物をしてもらおうと努力をします。お客さんのほうも、あのお店は自分のことを覚えてくれていて、おいしい野菜をすすめてくれるとか、元気がなさそうだと明るい声をかけてくれるとか、たんにお金で結ばれた関係以上のものが、そこには生まれています。

第2章で「市場《しじょう》」と「市場《いちば》」の違いをお話ししました。「市場《しじょう》」は、目に見える売り買いの場所である「市場《いちば》」だけでなく、目に見えない売り買いの場所も含めた言葉でした。イスラーム金融は、市場《いちば》的なお金の貸し借りをするようなものなのです。

——なるほど。じゃあふつうの銀行は「市場《しじょう》」的なお金の貸し借りなんだね。

そういうことになります。第4章でお話しした、世界金融危機の影響《えいきょう》が世界中に広がった理由を思い出してください。住宅ローンから作られた証券は、世界各地のさまざまな人が買いました。その人たちは、自分の買った証券が、誰の借金からどんなふうに作られたものかを直接知ることはできませんでした。貧しいけれども自分の家が欲しいと思っているアメリカの人が最後の望みをかけてお金を借りていることなど知るすべもなく、お金を

顔の見えないお金の貸し借りでは貸し手も借りても目先のことしか考えない

稼ぎやすいからとか、銀行がオススメと言っているからという理由で証券を買っていたのです。そして、お金を返せなくなった人が続出してくると、証券を持っている人は自分の損をできるかぎり少なくするために、われ先に証券を手放そうとしました。

一方、お金を借りていた人は、住宅価格の値上がりを利用して、一時的にであっても手元にお金が入ってきたわけですが、どこのどんな人が自分のためにお金を貸してくれているかを気にすることなく、ぱーっと使ってしまう人が多くいました。

私たちが知っている銀行のしくみでは、お金を貸す人と借りる人のあいだに銀行が入ることによって、お互いの顔が見えなくなっているのです。銀行があいだに入ることで、いろんなところからお金を少しずつ集めることができたり、一度にたくさんのお金を借りることができたりして、利点ももちろんあります。

けれども、住宅ローンの証券化のように、たくさんの銀行が貸す人と借りる人のあいだに入ってきたり、証券が何度も加工されて世界中の人に売り出されるようになったりしたことで、お金を貸す人と借りる人がとても離《はな》れた関係になってしまいました。お金を貸している人も、借りている人も、自分の目先のことだけしか考えないようになってしまった、あるいは、貸した（借りた）相手のことを知りたくても知ることができなくなってしまったことの行き着く果てが、世界金融危機だったのです。

世界金融危機が起こってから、イスラーム金融に注目が集まるようになったことはすでにお話ししましたが、それは、お金の貸し借りを、もう一度、顔の見える関係に戻そうと多くの人が考えるようになったからです。

次に、イスラーム金融のふたつめの知恵を考えてみましょう。ムダーラバでは、お金を借りた人の商売から得られた儲けや損をみんなで分かち合いますが、この商売はどんな商売でもよいということではなく、イスラームの教えに沿っていなければなりません。汗水を流さない商売でお金儲けをしてはいけませんし、利子を取る商売もだめです。

――利子を取る商売って、ムダーラバで借りたお金をほかの誰かに貸す商売？

というよりも、お金を稼《かせ》ぐための手段としてのお金の貸し借り、つまり、金融を商売にするといったほうが正確ですね。17世紀のオランダのチューリップ・バブルや、1980年代後半からの日本のバブル経済、そして、2000年代半ばの世界金融危機では、借金をして、そのお金を金融で稼ぐ商売につぎこんだ人たちがたくさん現れました。

イスラーム金融は実体のある商売にしかお金を貸さないのでバブルを防ぐことができる

――イスラームでは、バブル経済も禁止しているの？

はい。イスラームの利子の禁止は、たんにお金を貸し借りするときに利子を取ってはいけないという意味だけでなく、バブルのような実体も根拠《こんきょ》もないものを利用してお金を稼ぐことを認めないという意味もあるのです。ですから、イスラーム金融のムダーラバでは、そうした商売をしようとする人にはお金を貸しません。途中でそういう商売をしようとしても、いっしょに働いている銀行や預金者からストップがかかります。

つまり、イスラーム金融は、実体のある商売にしかお金を貸さないので、バブルのように、お金を稼ぐことをあまりにも優先してしまったがために起きてしまう危機を防ぐことができるのです。

――だから、世界金融危機のあとにイスラーム金融が注目されたんだね。

そうです。イスラームでは、実体のある商売でみんなが工夫や努力をしてお金を稼ぐことをすすめています。イスラーム金融は、「金融」なので、もちろんお金の貸し借りで稼ぐ商売ですが、あくまでも、実体のある商売を横から支えることに徹《てっ》しています。イスラーム銀行や預金者が手にする儲けも、借り手の実体のある商売からの儲けの一部です。

イスラーム金融は、実体のある商売があるからこそ存在できるのであって、経済活動のありとあらゆるものがお金の貸し借りと結びつけられ、そこから得られる儲けがどんどん大きくなっていくような「経済の金融化」とは無縁なのです。経済の金融化は、資本主義が100%に近づいた証《あかし》であるとお話ししましたが、その意味では、イスラーム金融は金融でありながら、資本主義のしくみが100%になるのを抑える存在であると言ってもいいでしょう。

――イスラーム金融の知恵はわかった気がする。でも、格差問題の解決には役立つの？

それはとても大事な点ですね。そのことを考えるために、イスラーム金融から少し離れて、イスラーム経済のほかのしくみを見てみることにしましょう。

神様はムスリムにたいして、この世にいるあいだにかならずしなければならない大事なことをいくつか決めています。信徒《しんと》の義務というものです。毎日のお祈《いの》りや1年のうちのひと月の断食もその義務に含まれています。それに加えて、お金を稼ぐことについてもひとつ、大事な義務が定められています。それは、日本語で「喜捨《きしゃ》」を意味する「ザカート」と呼ばれるものです。1年間に稼いだ富のうち、一部を神様にお返しするという義務です。

イスラームでは、人間も動植物も自然もすべてこの世のあらゆるモノは神様がお作りになったと考えます。人間は神様がお作りになったものをお借りして、ご飯を食べたり、仕事をしたりしているのです。そこから得られたお金も、神様がいたからこそ稼ぐことができたものですから、その一部を神様にお返ししなければいけないのです。

――どのくらい神様に返すの？

それも『クルアーン』に書かれていて、農産物なら収穫物の10％、牛だったら30頭につき1頭、羊だったら40頭につき1頭などです。現金の場合は、稼いだ金額の2．5％と決められています。

――集めたお金を神様はどうするの？

じっさいには神様に代わって人間がザカートを集めますが、それをどうやって使うかに

ザカートは1年間に稼いだ富の一部を神様にお返しするムスリムの義務

ついても神様はしっかりと決めています。『クルアーン』には、貧しい人、困っている人、親のいない子どもなどに集めたお金を分け与えなさいと書かれています。ですから、そういう人たちに集まったお金が配られます。

税金みたいなもの？

たしかに、ザカートを税金の一種だと言う人もいます。じっさいに、昔のイスラーム帝国では、ザカートを国が集めていました。あるいは、ザカートは寄付や募金《ぼきん》のようなものだと言う人もいます。税金も寄付も募金も、第2章でお話しした「互酬《ごしゅう》」「再分配《さいぶんぱい》」「市場《しじょう》交換《こうかん》」の3つのお金の流れのうち、「再分配」にあたるものです。お金のある人から、お金がなくて困っている人に富を移動させるもので、ザカートもそういう役割を果たしているという点では、再分配のお金の流れだということができるでしょう。でも、税金、寄付、募金とは違うところがザカートにはあります。

神様に言われた義務っていうこと？

そうです。ムスリムは天国に行くために、神様の言われたとおりにザカートを差し出す。そこには、誰かを助けたいとか社会の役に立ちたいとかいう「利他心《りたしん》」は必要ありません。あ、もちろんムスリムたちだって、自分の払《はら》ったザカートが役に立ったらいいな、と思っていると思います。でも、ザカートのしくみだけを見ると、利他心がまったくなくても、そのしくみが十分機能するようになっているのです。

ザカートを受け取る人々
分配されるザカートを受け取りにやってきた人たち
（マレーシア、スランゴール州のザカート分配組織にて）

私は、毎年のように、中東や東南アジアのイスラーム世界で現地調査をしています。そのときには、現地に住んでいる人たちにいつも助けられています。調査が終わって日本に帰るときには、助けてくれた人たちに感謝の言葉を述べるのですが、信心深いムスリムの人ほど、私に怒《おこ》ってくるんです。

——どうして？　お礼を言っているのに？

私たちの常識だったら、すごくおかしなことですよね。彼らはつづけてこう言うんです。「私があなたを助けたのは、困っている人がいたら助けなさいと神様に言われたからです。だから、私にありがとうと言うのではなく、私にそう命じられた神様にあなたも感謝なさい」と。彼らは、自分が天国に行きたいという「利己心《りこしん》」にもとづいて人助けしている、でも、それが結果的に利他心による助け合いと同じ効果をもたらしていると、実感する瞬間《しゅんかん》です。

ザカートは、「無利子」にならぶイスラーム経済を代表する特徴のひとつです。第5章で、利子を取らなければ、どれだけお金を稼いでもイスラームの教えに沿ったお金の稼ぎ方であることをお話ししましたが、それに加えて、ザカートをきちんと払うことも、お金を稼ぐことをイスラーム的に正当化するために必要なことなのです。ザカートを払わなかったら、稼いだお金は神様に許してもらえません。でも、逆に考えたらどうでしょう？　ザカートさえ払えば、どれだけお金を稼いでもいいのです。

しかも、多く稼げば稼ぐほど、差し出すザカートの量は増えていきます。１００万円稼ぐと、差し出すザカートは2万５０００円ですが、１０００万円稼ぐと25万円です。ザカートはそのまま神様が決めた人々に配られますから、ザカートの量が増えることは、それだけ困っている人や貧しい人に多くのお金が回っていくということです。

お金を稼ぐ人にとっては、儲けが増えることは生活がより豊かになるという意味でも、自分が天国により行きやすくなるという意味でもしあわせにつながりますが、同時に、困

ザカートのしくみでは稼げば稼ぐほど儲けた人も貧しい人もしあわせになる

っている人や貧しい人も、今よりも生活が良くなるという意味で、しあわせになれるのです。

――すごい！　みんながしあわせになれるしくみだね。

そうです。イスラーム経済には、お金を儲けることにブレーキをかけないで、そのお金が、困っている人や貧しい人にもちゃんと回っていくしくみがあるのです。しかも、それがみんなの利己心にもとづいて成り立っているのが驚きです。

――自分のことだけ考えてたら、自動的に、困ってる人を助けることになるんだね。

そうなんです。イスラームでは、義務であるザカートに加えてさらにお金を差し出すこともすすめられています。お金を差し出せば差し出すほど、天国に行きやすくなるのです。だから、お金持ちの人たちは、すすんで自分の稼いだお金を神様に返そうとします。

ムスリムの人たちがお金を差し出すときには、誰が払ったとか、いくら払ったとか、そういったことを言うことは良くないと考えられています。日本や欧米だと、お金持ちの人たちが多額の寄付をしたことがニュースになったり、寄付して建てられた建物に寄付した人の名前をつけたりすることがしばしばありますが、イスラームでは誰にも知られずにお金を差し出すことが良いことだとされているからです。『クルアーン』にも、「お金を貧しい人にこっそりと差し出すことはより望ましいことである」と書かれています。

お金を差し出すムスリムにとっては、神様がそれをちゃんと見てくださっていて、最後の審判《しんぱん》のときに天国行きの判断材料にしてくれさえすれば、それで十分なのです。先ほどの『クルアーン』のつづきには、「神様はちゃんと見ているから大丈夫」と書いてあります。

――ほんとに神様と自分との関係が大切なんだね。

そうです。ムスリムの信仰《しんこう》は徹底して神様との一対一の関係で成り立っています。神様は人間の利他心を当てにしていません。ですからムスリムは、神様との関係の中で利己的に動いていればいいだけなのです。

今、日本でも問題になっている格差の問題を解決しようとするとき、多くの人は、お金をたくさん稼いだ人ほど税金をたくさん払ってもらうように税金のしくみを変えるとか、お給料をたくさんもらっている社長や専務のお給料を少し減らして、それをほかの人を雇《やと》うお金に回すとか、たくさんお金を稼いでいる人にちょっと利己心をおさえてもらって、困っている人や貧しい人にお金を回せばいいのではないかと考えています。そこでは、利己心と利他心は互いに対立する関係にあります。では、イスラーム経済の場合はどうでしょうか。

――ザカートは、自分のためと思ってお金を出して、それがそのまま困っている人を助けることにつながっているね。

イスラーム経済のしくみから私たちが学ぶことができるのは、そこだと思います。つまり、利己心をおさえることをせずに、利他心による助け合いと同じ効果をもたらすことができるしくみ。このしくみを私たちの社会でも実現できたら、経済成長もしながら、格差の問題も解決できると思うのです。

じつは、イスラーム世界では、そのようなしくみがすでに動き始めています。東南アジアにあるシンガポールは中華系の人たちがたくさん住んでいるイメージがありますが、ムスリムも全人口の15%ほどいます。このシンガポールで、イスラーム経済のしくみを使いながら、経済成長と格差問題の解決を両立するしくみが生み出されたのです。

そのしくみは、イスラーム金融のムダーラバと、「ワクフ」と呼ばれるザカートに似たしくみが組み合わさったものです。日本語で自分の財産を寄進することを意味するワクフは、ザカートと同じようにお金を差し出すしくみですが、ムスリム全員の義務ではありません。ただ、お金に余裕のある人は、ワクフでお金を差し出すことがすすめられています。もちろん、天国により行きやすくなります。

ワクフのお金の使い道は『クルアーン』に決められているのではなく、お金を差し出した人が決めることができます。たいていの場合、ワクフでお金を差し出す人は、そのお金で、貧しい人たちのための学校や病院、孤児院《こじいん》、お祈りのためのモスクのような社会の役に立つ施設《しせつ》（社会福祉施設《しゃかいふくししせつ》）を作ります。

おもしろいのは、そのような施設を作るときに、市場《いちば》や宿《やど》、浴場《よくじょう》といった商業施設も同時に作ることです。学校や病院などの施設は、作っただけでは機能しません。教育をしたり、患者《かんじゃ》さんを治療《ちりょう》したりするためには、多額のお金が必要になります。そのため商業施設を作って、そこから得られる儲けや家賃を社会福祉施設の維持《いじ》・運営に使うようにしたのです。

ワクフのしくみでは、商業施設からより多くのお金が得られるほど、学校の教育や病院の医療《いりょう》が充実《じゅうじつ》します。それによって、ザカートと同じようにお金儲けと社会福祉を両立させることができるのです。

ワクフでは、福祉施設の運営費に充てるために
商業施設をいっしょに作る

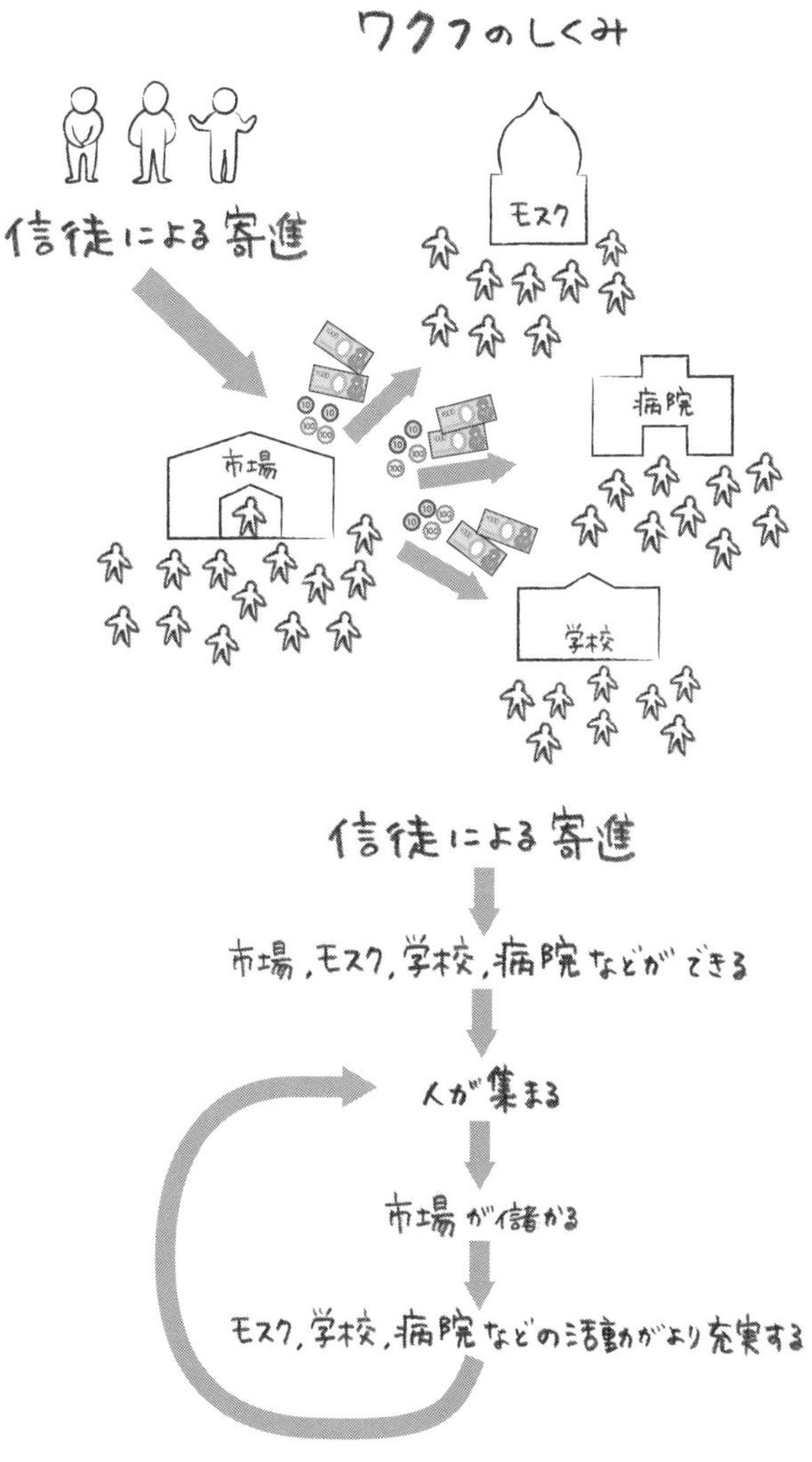
ワクフのしくみ
信徒による寄進
モスク
病院
市場
学校
信徒による寄進
市場、モスク、学校、病院などができる
人が集まる
市場が儲かる
モスク、学校、病院などの活動がより充実する

――最初にお金のある人が施設を作ったら、あとは「市場交換」の利益が「再分配」されるんだね。

はい。イスラーム帝国の時代には、このワクフのしくみがあらゆるところで使われていて、都市の公共施設や社会福祉を支える重要な役割を果たしていました。

ヨーロッパから近代文明がイスラーム世界にもたらされると、ワクフのしくみも急速に廃《すた》れていきました。代わりに、公共施設の整備や社会福祉を担ったのは、国でした。

21世紀に入ってから、シンガポールがふたたびこのワクフのしくみに注目し、発展めざましいイスラーム金融を取り入れて、より大規模にお金儲けと社会福祉を両立させるしくみを生み出したのです。それは、次のようなものです。

まず、ワクフでお金を差し出す人たちが、こんな社会福祉施設を作りたい、という提案をします。たとえば、シンガポールのどこそこにこんな学校と孤児院を作りたい、などです。その提案には、その施設を運営するお金を稼ぎ出すための建物、たとえば商店と高級マンションの建設計画もつけ加えます。

その提案を見たイスラーム銀行は、自分の銀行のお客さんに「こんな提案があるんだけ

銀行のムダーラバを使った新しいワクフのしくみが始められている

ワクフとイスラーム金融の組み合わせで作られた建物

ど建物を作るためにお金を貸してください」と話を持ちかけます。その提案に賛同《さんどう》した人たちは、ムダーラバで銀行にお金を預けます。銀行は集めたお金をワクフでお金を差し出す人たちにムダーラバで貸します。

――その借りたお金と、もともと差し出すつもりだったお金を使って、学校と孤児院、そして、商店とマンションを作るんだね。

そうです。そして、商店と高級マンションから入ってくる家賃を学校と孤児院の運営に使うのです。昔のワクフと違ってこれらの施設はムダーラバで作られていますから、家賃の一部はお金を出した人たち、つまり、ワクフで建物を作った人、銀行、預金者で分け合うことになります。

このしくみの良いところは、イスラーム金融を使って広くお金を集めることができるため、個人によるワクフのお金だけで建物を作るよりも、より大規模な施設を作ることができる点です。施設を運営するお金を稼ぐための建物も、より大きなものを作ることができるので、その分生み出されるお金も多くなり、社会福祉が充実することになります。

また、ムダーラバのしくみが組みこまれていることで、預金者や銀行が自分の儲けを多くするために、どんな施設や建物を作るのか、建物ができたあと施設をどんなふうに運営していくのかについて、積極的にアドバイスをすることになります。その結果、受け取ることのできるお金が増えて、預金者や銀行はしあわせになりますが、このことは同時に、学校や孤児院の運営に使えるお金も増えていることを意味しています。

――昔より進化してるんだね。

はい。しかも、多額のお金が動いていますから、経済の規模を大きくしながら、より多くの貧しい人や困っている人により多くのお金が回るしくみが機能しています。

イスラーム金融のムダーラバを使ったワクフには ムスリムでなくても参加できる

さらに、このしくみの最大の利点は、私たちのようなムスリムではない人たちも参加しやすいという点です。ザカートやイスラーム帝国時代のワクフのしくみは、利己心と利他心を両立させることのできるとても魅力的《みりょくてき》なしくみのように映ります。でも、そこには、信仰という大きなハードルがあります。ザカートやワクフのしくみが成り立っているのは、それをしないと天国に行けない、あるいは、お金を差し出せば差し出すほど天国に行きやすくなるというイスラームの教えをムスリムが信じているからです。

でも、私たちは、その教えを分かち合うことができるでしょうか？　信仰というハードルはすごく高く感じてしまいますね。でも、シンガポールが作り出したこのしくみであれば、私たちはイスラーム銀行にお金を預けることで、このしくみに参加できるのです。

——イスラーム金融は、宗教に関係なく誰でも使えるものだったもんね。

はい。しかも、ムダーラバでお金を預けることになりますから、お金というこの世での利益がたくさん欲しいと思っている人も、積極的にアドバイスをすることで、その目的を実現することができます。同時に、ワクフで建てられた学校や孤児院にもお金がたくさん回るようになって、結果として、社会福祉の充実にもつながるのです。

ただし、このしくみが動き出す第一歩は、ムスリムの誰かがワクフとしてお金を差し出して天国に行きたいという、信仰にもとづいた利己心です。ですから、ムスリムがほとんどいない私たちの社会にこのしくみをそのまま持ってくることはできません。でも、いつの日か、私たちがもっとすんなりと使うことのできるしくみを作り出せると私は考えています。

――どうして？

歴史が証明しているからです。じつは、昔のイスラーム帝国が作り出したさまざまなしくみを私たちはすでに使っているんですよ。

――そうなの？

たとえば、第4章でお話しした株式会社のしくみは、昔のイスラーム帝国で使われていたムダーラバがもとになったと考えられます。私の話を聞いていて、両方が似ているなあと思ったかもしれません。イスラーム帝国が栄えていた時代には、ムダーラバにもとづいたしくみが、世界各地で使われていました。日本の安土桃山時代《あづちももやま》の南蛮貿易《なんばんぼうえき》でも、「投銀《なげがね》」というムダーラバに似たしくみが使われていました。

一方、ヨーロッパではイスラーム帝国でムダーラバにふれた商人が、ムダーラバのアイデアを生かしながら、みんながお金を出しあってその人たちが会社のすることにいろいろ口出しをする、という株式会社のしくみを作り上げていったのです。

でも、今の株式会社を見て、誰もそれをイスラーム文明のものだとは思いません。だから、時間はかかるかもしれないけれど、利己心をおさえることをせずに、助け合えるしくみだって、いつか私たちの社会で実現させることは不可能ではないと思うのです。

イスラーム金融も40年ほど前に出てきたころは、「こんなのは、まじない師のやる銀行だ」と見下されていたことはお話ししました。でも、今では世界中の人が注目して、金融危機を起こさないお手本として、イスラーム金融の知恵から一生懸命《いっしょうけんめい》学ぶようになっています。そんなの無理だと端《はな》からあきらめるよりも、少しの可能性があればそれに賭《か》けてみることが、より良い自分たちの未来を築くために大切なことではないでしょうか。

おわりに

この本で、私たちがふだんから親しんでいる資本主義という経済のしくみ、そして、イスラーム経済という新しく登場してきたしくみをお話ししてきました。

――違《ちが》うところもあったけど、似ているところもたくさんあったね。

そういう印象を持ってくれたなら本望《ほんもう》です。この本の最初にお話ししたように、今の資本主義という経済のしくみは、さまざまな問題を抱《かか》えていて、それをなんとかしようといろんなアイデアが出されています。資本主義をよりよく使うアイデアも考えられている一方で、資本主義は良くないしくみで、全面的に変える必要があると考える立場のアイデアもたくさんあります。その中には、とめどなくお金を稼《かせ》ぎつづけるという資本主義のしくみを支えている人間の利己心《りこしん》をおさえつけて、もっと、他の人や社会、地球環境《かんきょう》のためを考えてみんなでがまんをしよう、という考えも出されています。

もちろん、自分の欲望をおさえることによって、いろんな問題を解決することができるかもしれません。でも、私の考えでは、人間はそんなに強くありません。欲望や誘惑《ゆうわく》につい乗ってしまうのが、人間というものです。イスラームでも、人間はそういう弱い生き物だと考えられています。だからこそ、イスラーム経済では、無理に利己心をおさえつけて、利他的《りたてき》にふるまうといった、人間の本性にさからうようなしくみが見られません。

人間の本性を素直に受け入れながら、これからのより良い未来を考えていく、そのほうが無理のない現実的な道ではないかと私は思います。そして、このことが、私たちがイスラーム経済の知恵からヒントをもらえるかもしれないと考えるひとつめの理由です。

資本主義という経済のしくみに、問題点がたくさんあるのはたしかです。けれども私は、資本主義はまだまだ使えるところがあると考えます。それは、「違いを見つけてお金を稼ぐ」というしくみが、とても長くつづいているという歴史が証明しています。使えるしくみでなかったら、ソビエト連邦《れんぽう》の社会主義のように、すぐに消えてしまいます。だったら、資本主義のどこがまだ使えて、どこがもう使えないのかを冷静に見極める必要があるのではないでしょうか。

その意味で、資本主義とイスラーム経済は似ているところもたくさんあると言ったあなたの指摘《してき》はとても重要です。似ているところが多いからこそ、資本主義の良いところを再認識したり、イスラーム経済から学ぶべきことがより明快に理解できたりするのだと私は考えます。これが、私たちがイスラーム経済の知恵からヒントをもらえるかもしれないと考えるふたつめの理由です。

未来はすぐには変わりません。1917年のロシア革命を主導したレーニンは、「地獄《じごく》への道は、人々の善意によって敷《し》きつめられている」と述べています。未来が容易に変わるとささやいてくる人たちには注意してください。すぐに成果を求める風潮が強まっている今だからこそ、腰《こし》を据えて来《きた》るべき未来に思いをはせることが大事なのではないかと思います。

この本のメッセージは、資本主義がダメだから、みんなでイスラーム経済に取り組もうということではありません。私の知り合いのムスリムの大学の先生も、「イスラーム経済がいいからみんな使ってほしい！　という押《お》し売りをしたくはない。もし、人類全体の未来のために、イスラーム経済の知恵の中で使えるところがあったら、ぜひ使ってほしい。そのときは別に、イスラーム経済とか言わなくてもいいから」と言っています。

また、イスラーム経済が完璧なしくみだと主張するつもりもありません。たとえば、この本ではあまりお話ししてこなかった地球環境の問題については、イスラーム経済はまだ明確な解決策を提案できていませんし、イスラーム世界でも、100%イスラーム経済を導入することがほんとうに現実的なのかについて、さまざまな意見や批判もあるからです。

イスラーム経済という資本主義から遠くて近い独自の経済のしくみを学ぶことで、私たちのくらしやこれからのことを、その原理のレベルから考えるきっかけにしてもらえたらうれしいです。

このあと読みたいオススメの10冊（著者名の五十音順）

・岩井克人『ヴェニスの商人の資本論』ちくま学芸文庫、1992年
・小川さやか『「その日暮らし」の人類学――もう一つの資本主義経済』光文社新書、2016年
・加藤博『イスラム世界の経済史』NTT出版、2005年
・川北稔『砂糖の世界史』岩波ジュニア新書、1996年
・小杉泰『イスラームとは何か』講談社現代新書、1994年
・芹沢一也／荻上チキ編『経済成長って何で必要なんだろう？』光文社、2009年
・竹森俊平『資本主義は嫌いですか――それでもマネーは世界を動かす』日経ビジネス人文庫、2014年
・蓼沼宏一『幸せのための経済学――効率と衡平の考え方』岩波ジュニア新書、2011年
・松井彰彦『高校生からのゲーム理論』ちくまプリマー新書、2010年
・安富歩『生きるための経済学――〈選択の自由〉からの脱却』NHKブックス、2008年

長岡慎介《ながおかしんすけ》

1979年静岡県浜松市生まれ。

東京大学農学部卒業後、東京大学大学院経済学研究科修士課程修了（修士・経済学）、京都大学大学院アジア・アフリカ地域研究研究科博士課程修了（博士・地域研究）。

現在、京都大学大学院アジア・アフリカ地域研究研究科准教授。

イスラーム経済の思想および実践の独自性を、経済学・イスラーム学・地域研究を中心とした分野横断的な方法論を用いて探究している。

著書に『現代イスラーム金融論』（名古屋大学出版会）、『イスラーム銀行――金融と国際経済』（小杉泰との共著、山川出版社）ほか。

中学生の質問箱
お金ってなんだろう？
あなたと考えたいこれからの経済

発行日　2017年5月17日　初版第1刷

著　者　長岡慎介
編　集　山本明子（平凡社）
構成・編集　市川はるみ
発行者　下中美都
発行所　株式会社平凡社
〒101-0051 東京都千代田区神田神保町3-29
電話　03-3230-6583（編集）
　　　03-3230-6573（営業）
振替　00180-0-29639
平凡社ホームページ http://www.heibonsha.co.jp/
装幀＋本文デザイン　坂川事務所
DTP　小松りょう（キックオフプラス）
イラスト　柳裕子
写　真　長岡慎介
印刷・製本　中央精版印刷株式会社

ISBN978-4-582-83753-7
NDC分類番号331　四六判（18.8cm）　総ページ224